Herbert Meussling

Der Schiffsinnenausbau (1957)

Fahrgastschiffe der Nachkriegszeit

Herbert Meussling

Der Schiffsinnenausbau (1957)

Fahrgastschiffe der Nachkriegszeit

ISBN/EAN: 9783954270903
Erscheinungsjahr: 2012
Erscheinungsort: Bremen, Deutschland

© maritimepress in Europäischer Hochschulverlag GmbH & Co. KG, Fahrenheitstr. 1, 28359 Bremen. Alle Rechte beim Verlag und bei den jeweiligen Lizenzgebern.

www.maritimepress.de | office@maritimepress.de

Bei diesem Titel handelt es sich um den Nachdruck eines historischen, lange vergriffenen Buches. Da elektronische Druckvorlagen für diese Titel nicht existieren, musste auf alte Vorlagen zurückgegriffen werden. Hieraus zwangsläufig resultierende Qualitätsverluste bitten wir zu entschuldigen.

HERBERT MEUSSLING

DER SCHIFFSINNENAUSBAU

Mit 128 Bildern

FACHBUCHVERLAG LEIPZIG 1957

VORWORT

Innerhalb von wenigen Jahren hat sich aus unbedeutenden, kleinen Werften der volkseigene Schiffbau in der Deutschen Demokratischen Republik entwickelt. In vorbildlicher Zusammenarbeit zwischen den Arbeitern und der schaffenden Intelligenz entstanden besonders längs der Ostseeküste unsere neuen, modernen Schiffswerften, die mehrere Tausend Werktätige beschäftigen.
Für die vielen Arbeitsgebiete des Schiffbaues werden spezialisierte Fachkräfte der verschiedensten Berufe in großer Zahl benötigt, darunter auch für Entwurf, Konstruktion, Fertigung und Einbau der Inneneinrichtung der Schiffe. Zur Verbesserung der Qualität und des Ablaufs aller dieser Arbeiten ist es notwendig, die vorhandenen Kräfte stetig zu qualifizieren und laufend einen ausreichenden und guten Nachwuchs heranzubilden.
Diesem Zweck soll das vorliegende Fachbuch dienen. Bei seinem Entstehen haben uns verschiedene Dienststellen und Betriebe mit Rat und Tat in dankenswerter Weise geholfen. Insbesondere verdanken wir dem VEB Schiffsmontage Rostock als dem Spezialbetrieb für Schiffsinneneinrichtungen in der Deutschen Demokratischen Republik umfangreiches Bildmaterial. Ferner unterstützten uns auch der VEB Warnowwerft, Warnemünde, der VEB Mathias-Thesen-Werft, Wismar, die Ingenieurschulen für Schiffstechnik in Warnemünde und Wismar sowie die Fachschule für angewandte Kunst in Heiligendamm. Das Buch soll eine praktische Anleitung für den gesamten Schiffsinnenausbau geben, wobei die üblichen handwerklichen Kenntnisse als bekannt vorausgesetzt werden. Über letztere gibt es schon viele Fachbücher; dieses dagegen will eine bestehende Lücke schließen. So wird es zu seinem Teil zum friedlichen nationalen Aufbauwerk beitragen.

Rostock und Leipzig, Sommer 1957

Verfasser und Verlag

INHALTSVERZEICHNIS

1 Projektierung 1
  1.1 Allgemeine Gesichtspunkte für den Fahrgastschiffbau 3
      1.11 Unterbringung der Besatzung 5
      1.12 Beispiele von Fahrgastschiffen 6
  1.2 Zur Einrichtung von Handelsschiffen 10
      1.21 Beispiele von Frachtern 10
      1.22 Fracht- und Fahrgastschiff für 86 Fahrgäste 12
  1.3 Tanker 13
  1.4 Verschiedene Schiffstypen 15
  1.5 Zur Architektur des Schiffsinnenausbaues 15
  1.6 Arbeitsunterlagen 16
  1.7 Darstellung 17

2 Raumbeschreibungen 19
  2.1 Verkehrsräume 19
      2.11 Vestibüle 19
      2.12 Gänge 21
  2.2 Unterkünfte und Gemeinschaftsräume für die Besatzung 23
      2.21 Räume des Kapitäns 23
      2.22 Offizierskabinen 24
      2.23 Mannschaftskabinen 26
      2.24 Offiziersmesse 27
      2.25 Salon für Offiziere 28
      2.26 Kapitän-Speiseraum 29
      2.27 Mannschaftsmesse 29
      2.28 Erholungsraum für die Besatzung 31
  2.3 Fahrgastkabinen 31
      2.31 Luxuskabinen 31
      2.32 Kabinen I. Klasse 33
      2.33 Kabinen II. Klasse 34
      2.34 Kabinen III. Klasse 34
  2.4 Gesellschaftsräume u. ä. 35
      2.41 Speiseräume 35
      2.42 Rauchsalon 37
      2.43 Musik- und Tanzsalon 38
      2.44 Bibliothek 39
      2.45 Kinderzimmer 41
      2.46 Frisierräume 42
      2.47 Kino 42
  2.5 Diensträume, Büros usw. 43
      2.51 Kartenraum 43
      2.52 Funkraum 43

2.53 Postabfertigungsraum	44
2.54 Rundfunk- und Verstärkerraum	44
2.55 Lotsenkammer	45
2.56 Büroräume	45
2.57 Arrestzellen	45
2.6 Hospital und Nebenräume	46
2.61 Hospital	46
2.62 Nebenräume für zahnärztliche Behandlung	47
2.7 Wirtschaftsräume	47
2.8 Sanitäre Einrichtungen	48
2.81 Bäder	48
2.82 Duschräume	49
2.83 Waschräume	49
2.84 Waschbecken	50
2.85 Toiletten	51
2.86 Schwimmbäder	51
3 Werkstoffe	52
3.1 Holz	52
3.11 Sperrholz und Tischlerplatten	52
3.12 Hartfaserplatten	53
3.13 Holzfaserplatten — ein Baustoff der Zukunft	53
3.2 Metalle	53
3.21 Leichtmetall	53
3.211 Oberflächenbehandlung von Leichtmetall: Eloxieren, Lackieren, Furnieren	54
3.212 Aluminiumfolien	55
3.213 Verbindungen von Leichtmetallen: Schweißen, Nieten, Kleben	55
3.22 Beschläge	58
3.3 Glas	58
3.4 Kunststoffe — Plaste	58
3.401 Eigenschaften und Verarbeitung von Weich-PVC-Fußboden- und Möbelbelag	60
3.402 Kunststoff-Spachtelbelag	61
3.403 Wände und Möbel aus Kunststoff	61
3.404 Wandbelag	62
3.405 PVC-Polsterstoffe	62
3.406 Textilien aus Kunststoffen	63
3.4061 PeCe-Fasern	63
3.4062 Perlonfaser und -seide	63
3.407 Kunstschaumstoffe	64
3.408 Organisches Glas (Plexiglas)	64
3.409 Schichtpreßplatten	65
3.410 Weitere Kunststofferzeugnisse	65
4 Die Raumhülle	66
4.1 Außenwände	67
4.2 Innenwände	68
4.21 Stahlwände und ihre Wegerung	68
4.22 Hölzerne Innenwände	69

	4.23 Leichtmetallwände	73
	4.24 Wände aus Kunststoffen	74
4.3	Deckenwegerung	74
4.4	Fußboden	75
	4.41 Steinholzfußboden	76
	4.42 Gummi-Zement-Streichboden	76
	4.43 Parkettfußboden	76
	4.44 Fußbodenbelag	77
	4.441 Linoleum	77

5 Stützen 78

6 Innentreppen 78

7 Türen 79
    7.1 Holztüren 80
        7.11 Außentüren 80
        7.12 Kabinentüren 82
        7.13 Schiebetüren 83
        7.14 Türen zu Gesellschaftsräumen 84
    7.2 Metalltüren 84
        7.21 Türen aus Leichtmetall 84
        7.22 Türen aus Stahl 86
    7.3 Schließplan 86

8 Fenster 86
    8.1 Runde Fenster (Bullaugen) 86
    8.2 Viereckige Fenster 88
    8.3 Oberlichte 88

9 Möbel 88
    9.1 Schränke 89
        9.101 Kleiderschränke 91
        9.102 Nachtschränke 93
        9.103 Bücherschränke 93
        9.104 Frisiertoiletten 93
        9.105 Vitrinen 94
        9.106 Bücherborde 94
        9.107 Schlüsselschränke 94
        9.108 Theken (Schanktische) 94
            9.1081 Bartische 95
        9.109 Büfetts, Anrichten 95
        9.110 Schiebetüren, Glasschiebetüren 96
    9.2 Tische 97
        9.21 Eßtische 100
        9.22 Rauchtische 101
        9.23 Lesetische 101
        9.24 Schachtische 101
        9.25 Schreibtische 102
        9.26 Abstelltische 103

9.3 Sitzmöbel 103
    9.31 Stühle 104
    9.32 Sessel 104
    9.33 Sofas und Bänke 105
    9.34 Hocker 105
9.4 Kojen 106
    9.41 Metallkojen 107
    9.42 Holzkojen 108
    9.43 Klappkojen 109
    9.44 Kojenleitern 109
9.5 Musikinstrumente u. ä. 109
    9.51 Flügel und Pianos 110
    9.52 Musiktruhen und Rundfunkempfänger 110
    9.53 Lautsprecher 110
9.6 Leisten, Gesimse usw. 111
9.7 Safes 112

10 Dekorationen 112
  10.1 Polster- und Tapezierarbeiten 112
    10.11 Polsterarbeiten 112
    10.12 Tapezierarbeiten 112
    10.13 Vorhänge und Gardinen 113
  10.2 Malerarbeiten 114
  10.3 Bilder, Plastiken, Schmiedearbeiten 114
  10.4 Spiegel 115
  10.5 Blumenschmuck 115

11 Elektrische Anlagen 115
  11.1 Beleuchtung 115
    11.11 Deckenleuchten 115
    11.12 Wandleuchten 116
    11.13 Kojenleuchten 116
    11.14 Tischlampen 117
    11.15 Leuchtstoffröhren 117
    11.16 Petroleumlampen 118
  11.2 Alarmanlage 119
  11.3 Feuermelder 119
  11.4 Telefone 119
  11.5 Uhren 119
  11.6 Aufzüge 119
  11.7 Kühlschränke 120
  11.8 Ventilatoren 120
  11.9 Kabel, Schalter, Steckdosen, Klingelknöpfe 120

12 Schiffsheizung 121
  12.1 Dampfheizung 121
    12.11 Konvektoren 121

12.2 Klimaanlage 122
12.3 Elektrische Heizung 122

13 Lüftung 123

14 Isolierungen 124
   14.1 Wärmeisolierung 124
   14.2 Schallisolierung 124
   14.3 Feuerschutzisolierung 124

15 Tabellen 125
   15.1 Raumbedarf 125
   15.2 Abmessungen der Möbel 126
   15.3 Gewichte 127

16 Erklärung von Fachwörtern 130

Literaturverzeichnis 132

1 Projektierung

Die Grundlage für den Schiffsentwurf bilden die Forderungen des Auftraggebers. In erster Linie sind dies Größe und Art des Schiffes – ob es sich um ein reines Fahrgastschiff oder um ein Frachtschiff mit einer Aufnahmemöglichkeit für eine geringe oder größere Anzahl von Fahrgästen oder um ein solches ohne jede Fahrgasteinrichtung handelt.
Hinzu kommen die Fragen der geforderten Tragfähigkeit, Geschwindigkeit und Antriebsart. Der größte Tiefgang wird bedingt durch die Wassertiefen in den zu befahrenden Küsten-, Fluß-, Kanal- und Hafengebieten. Länge und Breite sind u. U. abhängig von den Abmessungen der Kai-, Dock- und Schleusenanlagen. Viele einengende Vorschriften sind zu beachten, so z. B. die Vorschriften der Register der UdSSR und des Germanischen Lloyd, die „Internationalen Sicherheitsvorschriften für Seeschiffe" (Schiffssicherheitsvertrag London 1948)[1]) und die Unfallschutzvorschriften. Sogar Kanalgebühren können gewisse Anordnungen und Einrichtungen beeinflussen, Ladeeinrichtungen in den anzulaufenden Häfen die Anordnung der Ladeluken und des Ladegeschirrs bestimmen. Diese und andere Fragen sind Sache des Schiffbaues.
Sobald es sich aber um die Unterbringung der Besatzung und der Fahrgäste, um die Planung der Wohn-, Gesellschafts- und Wirtschaftsräume handelt, ist – zumindest für größere Schiffe – ein erfahrener Architekt zu Rate zu ziehen, um von vornherein eine möglichst gute Abstimmung zwischen den schiffbaulichen Notwendigkeiten, den raumtechnischen Forderungen und den architektonischen Wünschen zu erreichen.
Dies wird leider nicht immer befolgt, vielmehr wartet man oft damit, bis der Stahlplan, ja bis die Führung der Kabelbahnen, Rohrleitungen und Lüftungskanäle so festliegen, daß es nur noch zu Kompromißlösungen kommen kann. Wenn man auf kleineren Werften auf den Architekten verzichtet, muß sich dort der Schiffbauer eingehend mit dessen Aufgaben vertraut machen. In jedem Falle wäre es wünschenswert, wenn mindestens der für die Inneneinrichtung verantwortliche Architekt oder Ingenieur eine Zeitlang auf einem Schiff fahren würde, um so aus eigener Anschauung die besonderen Verhältnisse an Bord kennenzulernen. Ferner sind laufende Studien über die Bewährung der bisherigen Typen und eine Verfolgung der Entwicklung – auch in anderen Ländern – unerläßlich.
Während auf einem Frachtschiff verhältnismäßig wenige Räume, wie Unterkünfte für die Besatzung, Mannschafts- und Offiziersmessen, die Kombüse und gegebenenfalls noch ein Salon einzurichten sind, wird man bei großen Fahrgastschiffen vor die schwierige Aufgabe gestellt, etwa gar für 2000 Fahrgäste und 600 Mann Besatzung ausreichende Wohn- und Aufenthaltsräume, Speise- und Wirtschaftsräume, Räume für die Verpflegung, sanitäre Anlagen usw. zu schaffen. Dazwischen liegen alle Abstufungen je nach Art und Größe des Schiffes.

---

[1]) Siehe „Internationale Sicherheitsvorschriften für Seeschiffe", Auszug aus dem Sicherheitsvertrag 1948, Verlag Technik, Berlin.

Bei der Aufteilung des Schiffsraumes stoßen sich buchstäblich die verschiedensten Forderungen und Wünsche hart im Raum, und die folgende Aufzählung der Vielzahl von Räumen, die in Frage kommen können, läßt erkennen, wie kompliziert eine einwandfreie Raumanordnung sein kann und wie gründlich man alle Erfordernisse und funktionellen Beziehungen der Räume untereinander durchdenken muß.

Die Maschinen- und Kesselanlagen beanspruchen für sich allein schon erheblichen Schiffsraum, da sie mit ihren Schächten durch alle Decks hindurchgehen. Weil sie die Raumanordnung sehr ungünstig beeinflussen können, ist beim Schiffsentwurf auf die geplanten angrenzenden Räume Rücksicht zu nehmen, soweit sich dies technisch vertreten läßt. Dazu kommen noch Tanks für den Ölvorrat oder Kohlenbunker, Tanks für das Speisewasser der Maschinen, Trink- und Ballastwasser. Der dann zur Verfügung stehende Raum ist für die verschiedensten Zwecke in einem guten Größenverhältnis (siehe Tabelle 1, Raumbedarf) aufzuteilen in:

1. Treppenhäuser und Gänge,
2. Diensträume: Kartenraum, Funkraum, Rundfunk- und Verstärkerraum, Postraum, Verkehrs- und Gepäckbüro, Büroräume für Obersteward, Zahlmeister und Oberkoch, Lotsenkammer, Arrestzelle,
3. Unterkünfte für die Besatzung, Messen für Offiziere und Mannschaften, Gemeinschaftsräume,
4. Verkaufsstände für Bücher, Zeitschriften, Reisebedarfsgegenstände, Geschenkartikel, Fotobedarf, Reiseandenken, Gold- und Silberwaren, Tabakwaren,
5. Fahrgastkabinen der verschiedenen Klassen,
6. Speisesäle, Rauchsalons, Musik- und Tanzsalons, Bar, Bibliothek, Kinderzimmer, Frisierräume, Wintergarten,
7. Wirtschaftsräume: Kombüsen, Pantrys, Anrichten, Schlächterei, Geflügelputzraum, Fischputzraum, Kartoffelschäl- und Gemüseputzraum, Bäckerei, Konditorei, kalte Küche, Salatküche, Kaffeeküche, Aufwaschräume für Küchengeschirr und Bestecke, Räume für Küchengeschirr und Gläser, Kücheninventar, Ersatzgeschirr und Tafelwäsche, Vorratsräume für den Tagesbedarf, Gewürze, Obst, Kühlräume für den Tagesbedarf,
8. Lager- bzw. Kühlräume für Fleisch, Wild, Geflügel, Fische, Obst, Gemüse, Kartoffeln, Blumen, Delikatessen, Konserven, Wurstwaren, Butter, Eier, Käse, Brot, Getränke, Eis,
9. Einrichtungen zur Reinigung und Instandsetzung der Wäsche und Kleider: Wasch- und Plätträume, Schneider- und Schuhmacherwerkstatt, Räume für Kammerwäsche, Tischwäsche und Mannschaftswäsche, Räume für schmutzige Wäsche, Trockenräume,
10. Fotografisches Atelier, Filmumkehrraum, um den Reisenden die Möglichkeit zu geben, ihre an Bord aufgenommenen Filme in wenigen Stunden nach der Aufnahme vorführen zu können. Dunkelkammer für Fahrgäste, Druckerei,
11. Schwimmbad, medizinische Bäder, Turnhalle, Sportplätze (auf dem obersten Deck),
12. Werkstatträume: Lampen- und Farbenraum (Vorpiek), Tischler-, Schlosser- und Elektrowerkstätten,

13. Gepäck- und Laderäume.
14. sanitäre Einrichtungen: Bäder, Duschen, Waschräume, Toiletten,
15. Hospitäler und Nebenräume: Krankenräume, Operationsraum, Röntgenraum, Räume für allgemeine Behandlung und Zahnbehandlung,
16. Totenkammer. Auch für Todesfälle muß gegebenenfalls Vorsorge getroffen werden. Für die Aufbewahrung von Leichen ist ein besonderer, abseitsgelegener Raum, der stark isoliert und künstlich gekühlt ist, vorzusehen.
17. Hundehäuser. Für die Mitnahme von Hunden kann auf den oberen Decks ein Haus mit größeren und kleineren Hundeställen eingerichtet werden. Das Haus ist isoliert und erhält Lüftung, Heizung und Frischwasseranschluß.

Größe, Anordnung und Ausstattung der Wohn- und Gesellschaftsräume, wie überhaupt sämtlicher Räume, richtet sich nach der Zweckbestimmung und der Größe des Schiffes. Ein Schiff mit einer Reisedauer von mehreren Tagen wird z. B. wesentlich anders einzurichten sein als ein solches, das für den Ausflugsverkehr auf kurzen Strecken bestimmt ist.

Die Hauptgrundsätze für die Anordnung der Räume sind: größtmögliche Geschlossenheit und Übersichtlichkeit, praktische Lage der Wirtschaftsräume für einen reibungslosen Arbeitsablauf, Unterbringung der Mannschaften weitestgehend nach Gruppen geordnet und möglichst in der Nähe der Arbeitsplätze, genaue Berechnung über die Wege des Personals und über den Tagesablauf der Fahrgäste. Vorteilhaft ist auch die Zusammenfassung der Speisesäle und Wirtschaftsräume der verschiedenen Klassen auf einem Deck. Ein von vorn bis hinten durchlaufender Betriebsgang vermeidet die Belästigung der Fahrgäste.

1.1 Allgemeine Gesichtspunkte für den Fahrgastschiffbau

Bei der zunehmenden Dichte und Zuverlässigkeit des Luftverkehrs mag die Frage auftauchen, ob sich der Bau von Fahrgastschiffen für die Zukunft lohnt. Die gute Besetzung der meisten Fahrgastschiffe und die große Zahl der in den letzten Jahren in Dienst gestellten Neubauten in der ganzen Welt bejahen diese Frage.

Es scheint aber, als ob die Zeit der Mammutschiffe wie z. B. der „Normandie" vorüber wäre und Fahrgastschiffe mit 20 000···30 000 BRT aus verschiedenen Gründen bevorzugt würden. In dieser Größenanordnung gilt es, das „kleinstmögliche" und vollendetste Fahrgastschiff zu entwickeln.

Während noch auf Schiffen wie „Europa" und „United States" der I. Klasse ein Übermaß an Räumen, besonders Großräumen, geboten wurde, verteilen sich jetzt die Räume immer mehr zugunsten der II. Klasse und der Touristenklasse. Auf vielen Schiffen gibt es überhaupt nur noch zwei Klassen, I. Klasse und Touristenklasse, und die Entwicklung tendiert auffällig zugunsten der letzteren Art. Im allgemeinen wird aber seit dem Auftreten der Konkurrenz durch das Flugzeug erhöhter Wert auf die Ausstattung gelegt. Wenn auch Geschäftsleute, die es eilig haben, u. U. das Flugzeug benutzen werden, so wird doch die Mehrzahl der Reisenden die Seereise mit ihrer Bequemlichkeit, ihrer Muße und Erholung und ihren besonderen Reizen vorziehen, nicht zuletzt auch wegen des bedeutend niedrigeren Fahrpreises.

Den außerordentlich gestiegenen Ansprüchen an Komfort, den besonderen Wünschen, dem Geschmack und den Lebensgewohnheiten der zu erwartenden Fahrgäste ist deshalb Rechnung zu tragen. Die I. Klasse ist daher heute kaum noch ohne Bad und WC in jeder Kabine denkbar; in gleichem Maße ist auch eine Steigerung des Komforts in den anderen Klassen, und zwar sowohl hinsichtlich der Lage als auch der Einrichtung selbst, zu beobachten. Die früher für den Auslandsverkehr üblichen Zwischendeckeinrichtungen gehören längst der Vergangenheit an, und man ist heute durchweg bestrebt, Kabinen mit einer möglichst geringen Anzahl von Betten zu schaffen. Unsere heutigen gesellschaftlichen Anschauungen haben dazu beigetragen, auch der III. bzw. Touristenklasse möglichst günstig gelegene und gut eingerichtete Unterkunftsräume und entsprechende Gesellschaftsräume zuzubilligen.

So werden an die Einrichtung folgende Forderungen gestellt: Sie soll zweckmäßig sein unter Verwendung allen neuzeitlichen Komforts;
sie soll moderne sanitäre Anlagen entsprechend den höchsten Ansprüchen an die Hygiene haben und die peinlichste Sauberhaltung ermöglichen;
sie soll mit Lüftungs- und Heizungsanlagen bzw. Klimaanlagen nach dem neuesten Stand der Technik und ausreichender, zweckmäßiger und behaglicher Beleuchtung ausgestattet sein; und sie soll schließlich auch bei kleinsten räumlichen Verhältnissen die erforderliche Geräumigkeit und Wohnlichkeit haben.

Bisher ergaben sich bei wachsender Breite des Schiffes und unter Beibehaltung des Prinzips der größten Raumausnutzung Außen- und Innenkabinen. Mit Sinken

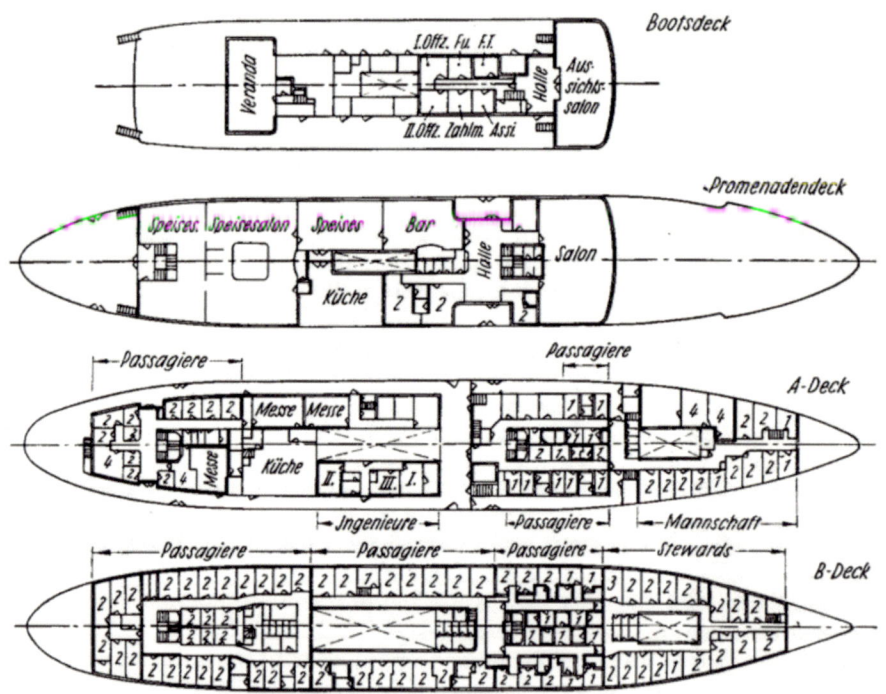

Bild 1. Generalplan eines Fahrgastschiffes

der relativen Anzahl der Fahrgäste werden die Kabinen größer. Auch bei großen Schiffen mit einer Breite von etwa 20 m ist man bestrebt, die Innenkabinen zu vermeiden. Einzelne Beispiele („Kungsholm") zeigen schon, wie man unter Verzicht auf intensive Raumausnutzung Außenkabinen geschaffen hat. Wenn dann möglichst alle Türen zum Hauptgang führen, werden die engen Quergänge vermieden, und die Hauptgänge werden glatt und übersichtlich.
Die erhöhten Ansprüche erstrecken sich selbstverständlich auch auf die Großräume. Neben den bekannten Gesellschaftsräumen entstehen deshalb noch Kinosäle, Night-Clubs, Grillraum sowie Schwimmbäder. Man kann nicht den Schiffskörper mit allen neuzeitlichen technischen Hilfsmitteln versehen und bei der Ausstattung beim Althergebrachten stehenbleiben.
Diese Fragen stehen jedoch in einem direkten Zusammenhang mit der Rentabilität. Großzügige und verschwenderisch ausgestattete Wohn- und Aufenthaltsräume bedeuten eine Erhöhung des Schiffsgewichts und damit der Schiffsgröße. Hochwertige Einrichtungen lassen zwar einen höheren Erlös aus Fahrpreisen erwarten, vermindern aber andererseits durch die Erhöhung des Schiffsgewichts den Gewinn aus der nutzbaren Tragfähigkeit, steigern den Baupreis, die Betriebskosten und alle sonstigen mit der Schiffsgröße zusammenhängenden Kosten. Hierher rühren zu einem großen Teil die Bemühungen, Leichtmetall und leichte Kunststoffe in immer stärkerem Maße im Schiffbau zu verwenden.

1.11 Unterbringung der Besatzung

Zur Besatzung eines Schiffes zählen sämtliche in die Musterrolle eingetragenen Personen. Sie wird in zwei Gruppen eingeteilt: Schiffsführung (Offiziere) und Mannschaft. Arzt, Direktor des Restaurants und Funker gehören zur ersten Gruppe, das Bedienungspersonal für Besatzung und Fahrgäste zur zweiten Gruppe.
Die Räume für die Schiffsbesatzung müssen von den Fahrgasträumen getrennt sein; nur das Bedienungspersonal kann in deren Nähe untergebracht werden. Abweichungen von dieser Forderung sind bei technischen Schwierigkeiten – besonders auf kleineren Schiffen – zulässig.
Sämtliche Räume müssen den sanitären Forderungen entsprechen; hierfür gibt es Normen und Vorschriften. So dürfen z. B. keine Mannschaften in der Vor- und Achterpiek untergebracht werden.
Der Kapitän, der leitende Ingenieur, die I. Offiziere, der Bootsmann, der Arzt und möglichst auch die übrigen Offiziere erhalten Einzelkabinen. Beachtenswert ist die sehr verstärkte Rücksichtnahme auch auf das Wohlbefinden der Mannschaft. Während es früher üblich war, diese in einer größeren Anzahl zusammenzulegen, werden mehr und mehr 2-Mann-Kabinen angestrebt, ja auf einzelnen Schiffen (Tanker und Frachtschiffen) ist man schon dazu übergegangen, auch die Mannschaft in Einzelkabinen – sogar mit fließendem Wasser – unterzubringen. Dadurch muß natürlich der für die Fahrgäste verfügbare Raum spürbar eingeschränkt werden, was sich auf die Wirtschaftlichkeit des Schiffes auswirkt.
Die Räume des Kapitäns und des nächsten seemännischen Personals liegen möglichst auf oder in der Nähe der Kommandobrücke, wo sich hinter dem Steuerhaus der Kartenraum und meist auch der Funkraum befinden. Weitere Offiziere werden etwa auf dem Bootsdeck untergebracht, wo sich auch die Offiziersmesse und ein Salon für die Offiziere befinden können.

Die Einzelkabinen der Ingenieure liegen aus praktischen Gründen auf den mittleren Decks neben dem Maschinenschacht, wie auch die Unterkünfte des gesamten übrigen Personals möglichst in der Nähe von deren Arbeitsbereich angeordnet werden, soweit dieser Bereich nicht für Fahrgäste bevorzugt wird.

Auf großen Fahrgastschiffen ist es möglich und empfehlenswert, der Besatzung ein bestimmtes Deck oder einen Teil davon als Wohndeck zuzuweisen.

Da sich auf jedem Schiff andere Situationen für die Verteilung der Räume ergeben, ist es nicht möglich, für die Praxis allgemeingültige Regeln zu geben. Die folgenden Beispiele verschiedener Schiffstypen können daher nur als Anregung dienen. Dabei wurden folgende Abkürzungen und Zeichen verwendet:

A	Anrichte	L	Schreib- u. Leseraum	Schw.	Schwimmbad
B	Bad	M	Musik- u. Tanzsalon	St	Steuerhaus
Bä	Bäckerei	MM	Mannschaftsmesse	T	Toiletten
D	Dusche	OM	Offiziersmesse	U	Umkleideraum
F	Friseur	OS	Offizierssalon	V	Vestibül
G	Gesellschaftsraum	P	Pantry	W	Waschraum
H	Hospital	Pr	Proviant		u. Toiletten
K	Küche	R	Rauchsalon	Wi	Wintergarten
Ki	Kinderzimmer	S	Speiseraum		

1.12 Beispiele von Fahrgastschiffen (Die neue „Kungsholm", 22 000 BRT)

Die Fahrgasteinrichtungen dieses Schiffes verdienen besondere Beachtung, weil sie in der Raumaufteilung und Ausstattung bemerkenswerte Neuerungen aufweisen. So sind – dies ist erstmalig auf einem Fahrgastschiff dieser Größe – sämtliche Kabinen beider Klassen Außenkabinen, die ihr Licht durch Fenster in der Bordwand erhalten und die direkt von den Hauptgängen aus betreten werden. Schmale und winklige Nebenkorridore sind völlig vermieden, wodurch sich übersichtliche, klare Grundrisse ergeben.

Entsprechend den erkennbaren Tendenzen für Fahrgastschiffe auf dem Nordatlantik ist die Anzahl der aufzunehmenden Fahrgäste in der Touristenklasse erheblich höher als die in der I. Klasse: 626 zu 176. Ein Teil der Kabinen kann außerdem je nach Bedarf für die eine oder andere Klasse benutzt werden. Da die „Kungsholm" in den verkehrsarmen Wintermonaten Gesellschaftsfahrten mit etwa 400 Fahrgästen ausführen soll, sind die meisten Gesellschaftsräume beider Klassen auf dasselbe Deck (Promenadendeck) gelegt worden. Dann steht den Fahrgästen bei solchen Gesellschaftsfahrten mit nur einer Klasse die gesamte Flucht der Räume zur Verfügung. Diese Räume sind an Stelle der bisher üblichen Promenaden von Veranden umgeben, die mit Tischgruppen ausgestattet sind, so daß zusätzlich gemütliche Aufenthaltsräume entstanden sind. Auch die auf dem A-Deck hintereinander angeordneten beiden Speisesäle können zu einem einzigen Raum umgestaltet werden. Davor liegt das geräumige Kino.

In der Nähe des vorderen Treppenhauses führen zwei Aufzüge vom Sonnendeck bis zum D-Deck und in der Nähe des hinteren Treppenhauses ebenfalls zwei Aufzüge vom Sonnendeck bis zum B-Deck. Das Schwimmbad und seine Nebenräume

sowie die Turnhalle befinden sich auf dem D-Deck, ein weiteres offenes Schwimmbad auf dem Oberdeck.
Alle Kabinen der I. Klasse mit 1 bis 3 Betten haben eigene Toilette und Bad, die Touristenklasse mit 2 bis 4 Betten eigene Toilette und Brause. Außerdem sind in allen Kabinen Telefonapparate vorgesehen. Die Fahrgastkabinen sind, soweit es möglich war, von den Enden des Schiffes entfernt gehalten, um Störungen durch die Bewegung des Schiffes gering zu halten.[1])

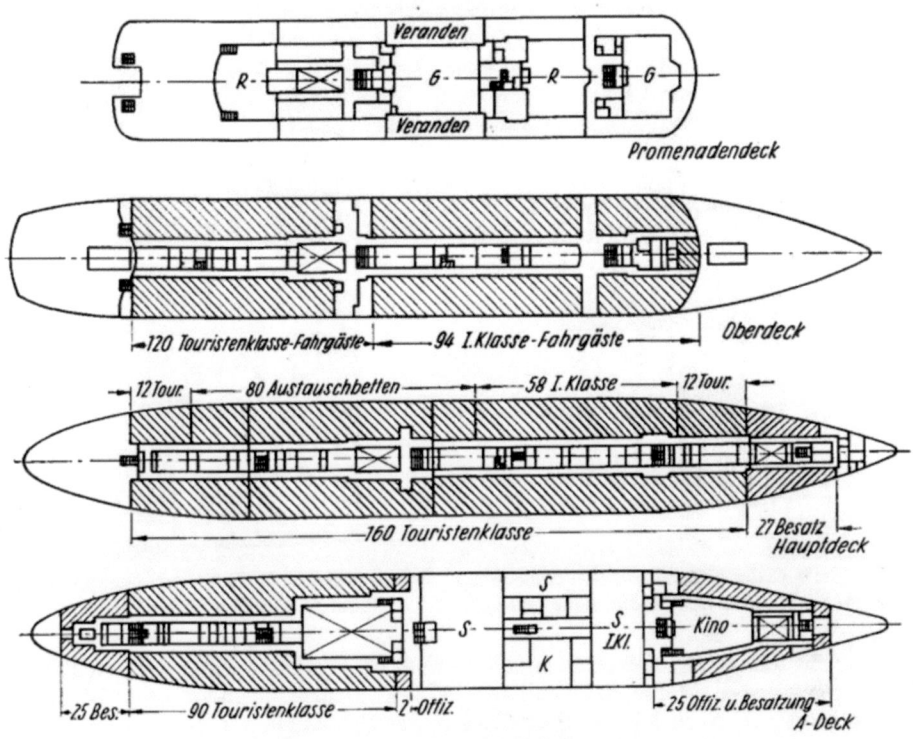

Bild 2. Fahrgastschiff für 800 Fahrgäste
▨ Unterkünfte der Besatzung   ▧ Unterkünfte der Fahrgäste

In schroffem Gegensatz zu der ausgesprochen übersichtlichen Anordnung der Räume auf der „Kungsholm" steht z. B. die ebenfalls 1953 erbaute und durchaus nicht weniger komfortable „Olympia" (23 800 BRT) mit bis zu 7 Innenkabinen in der Schiffsbreite, wodurch sich besonders in den unteren Decks ein sehr verzweigtes Gangsystem ergibt. Nur die Kabinen der I. Klasse auf dem Promenaden- und Bootsdeck sind sämtlich Außenkabinen an geraden Hauptgängen.
Auch auf diesem Schiff überwiegt die Touristenklasse bei weitem (1150 : 138). Hier sind etwa 50% der Passagiere in Zweibett-Kabinen untergebracht, die übrigen in Drei- und Vierbett-, in einigen Sechsbett- und vier Zehnbettkabinen. Für die Touristenklasse sind insgesamt 17 Gesellschaftsräume vorhanden, so daß für

---

[1]) Längsschnitt durch 10 große Fahrgastschiffe siehe Hansa **1954**, H. 29/30, S. 1305.

eine gute Verteilung gesorgt ist. In dem Speisesaal mit 600 Plätzen muß in zwei „Törns", d. h. Schichten, gegessen werden, was nicht ungewöhnlich ist.
Die nach ihrer Zahl geringe I. Klasse verfügt trotzdem über alle Gesellschaftsräume eines modernen Schiffes einschließlich Bibliothek, Cocktailbar, Schwimmbad und Kino. Letzteres ist so angeordnet, daß der Balkon für die erste Klasse und das Parkett für die Touristenklasse zugänglich sind. Diese Lösung ist angeblich in der Schiffahrt erstmalig gewählt worden.
Bei den beiden vorstehenden Beispielen handelt es sich um Schiffe mit einer Maschinenanlage im Mittelschiff. Aus dem Bestreben heraus, die bewohnten Räume möglichst nach außen zu legen, ergibt sich fast von selbst, daß alle sanitären Räume, Stores usw. innen liegen und zusammen mit den Maschinen- und Ladeschächten geschlossene Blocks bilden. Auf diese Weise ergeben sich ferner die für diese Schiffe typischen beiden parallelen Hauptgänge mit mehr oder weniger Nebengängen.

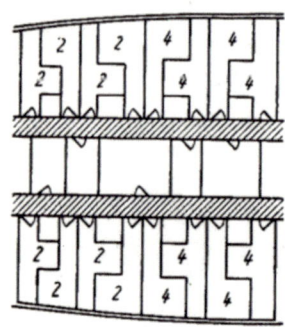
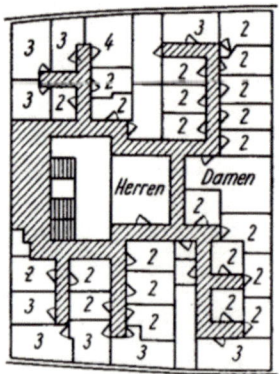

Bild 3. Beispiel der ausschließlichen Anordnung von Außenkabinen an geraden Hauptgängen

Bild 4. Beispiel zahlreicher Innenkabinen und verzweigter Nebengänge

Wie ersichtlich, gehen hierdurch gerade in dem für die Unterbringung von Fahrgästen günstigsten Bereich des Schiffes erhebliche Decksflächen verloren. Deshalb ist der Gedanke, auch bei Fahrgastschiffen die Maschinen wie bei den Tankern achtern unterzubringen, schon häufig erwogen worden. Bei einem großen Fahrgastschiff ist dieser Gedanke erstmalig auf der „Southern Cross" (etwa 20000 BRT) verwirklicht worden. Eine gleiche Anordnung war bis dahin nur noch bei dem 1952 erbauten Fahrgastschiff „El Djezair" (9100 BRT); jetzt ist sie auch auf „Finnmarken" und „Ragnvald Jarl" zu finden.
Ein weiterer Vorteil, der sich aus der Anordnung der Maschinenlage im Hinterschiff ergibt, ist die Ruhe im Mittelschiff, weil dort die störenden Vibrationen und Maschinengeräusche, die sonst in den deshalb unbeliebten Kabinen im Achterschiff auftreten, praktisch fortfallen.
Da die gesamte Breite des Schiffes ausgenutzt werden muß, wird es nötig, in den von Bordwand zu Bordwand reichenden Fahrgastdecks bis zu acht Kabinen querschiffs nebeneinander anzuordnen. In diesem Bereich kommen also teilweise sechs Innenkabinen auf zwei Außenkabinen, was einen großen Nachteil bedeutet. Die meisten Kabinen liegen an einem Mittelgang und zwei Seitengängen.

Die stets vorhandene Abneigung gegen Innenkabinen glaubt man durch eine gute, vom Fahrgast zu bedienende Klimaanlage und einen billigeren Fahrpreis aufgehoben zu haben.
Ebenso bemerkenswert wie die für ein Fahrgastschiff bisher ungewohnte Maschinenanlage (und die besonders ungewohnte Silhouette) ist der Entschluß der Reederei, das Schiff als Einklassenschiff zu bauen. Entsprechend der allgemeinen Tendenz nach einer starken Verminderung der ersten Klasse zugunsten der Touristenklasse ging sie folgerichtig einen Schritt weiter. Es sollen nicht nur die räumlichen Schwierigkeiten, die sich bei einer starren Klassenteilung ergeben, sondern auch solche psychologischer Art vermieden werden.
Eine weitgehende Differenzierung, die den verschiedenen Ansprüchen und Zahlungsmöglichkeiten der Fahrgäste entgegenkommt, ist jedoch nach Art und Ausstattung der Kabinen vorgenommen worden und nach der unterschiedlichen Lage auch notwendig. Der Unterschied ist erheblich, und die Wahl kann getroffen werden zwischen recht geräumigen Ein- und Zweibett-Kabinen mit zugehörigem Sitzbad und den Kabinen mit sechs Betten, aber nur einem Waschbecken. Dazwischen liegen die verschieden gut gelegenen und ausgestatteten Kabinen, vor allem auch die vielen Innenkabinen.
Die Inneneinrichtung entspricht dem heutigen Stand für Fahrgastschiffe, jedoch sind übertrieben moderne Möbel oder Dekorationen vermieden worden.
Bezüglich der Gesellschaftsräume wirkt sich das Einklassensystem sehr vorteilhaft aus, da sich durch den Fortfall der verschiedenen Klassen wesentlich günstigere Verhältnisse für die Anordnung und Lage dieser Räume ergeben.
Eine besondere Gattung der Fahrgastschiffe stellen die Flußfahrgastschiffe und die Fahrgastschiffe für den Küstenverkehr und die Binnenseen dar. Bei der Einrichtung dieser Schiffe ist zu unterscheiden, ob sie mehr für den Reiseverkehr oder mehr für den Ausflugsverkehr bestimmt sind. Auf Schlafkabinen kann für europäische Verhältnisse im allgemeinen verzichtet werden, weil die Fahrtdauer meist nur wenige Stunden beträgt. Dafür erfordern diese Schiffe Grundrißlösungen, die reibungsloses und schnelles Ein- und Aussteigen gewährleisten, Gemeinschaftsräume (Speisesäle, Rauchsalons, Cafés), Küchen und Bufetts, die ein schnelles Bedienen der verhältnismäßig großen Zahl der Gäste ermöglichen, und alle Decks mit großen Fenstern und guter Ausblickmöglichkeit von allen Plätzen aus.

Ein „Rheindampfer" ist etwa wie folgt eingerichtet:

Unterdeck: Maschinenraum. Unterkünfte für die Besatzung mit Waschräumen, Mannschaftsküche und Vorräte.

Hauptdeck: Küche, Büfett, Gepäckraum und WC mittschiffs, vorn Rauchsalon und Café, hinten Speisesaal.

Oberdeck: vorn geschlossene Laube, hinten offene Laube[1].

---

[1]) Beispiele für ausgeführte Bauten sind in den nachstehenden Fachzeitschriften enthalten: *Fahrgastschiffe:* Schiff und Hafen 1953, H. 12, S. 656 und 665; 1954, H. 2, S. 90, H. 5, S. 278, H. 11, S. 677, H. 12, S. 783; 1955, H. 8, S. 370, H. 10, S. 630; 1956, H. 9, S. 763 und 775, H. 11, S. 927 und 937. Hansa 1955, H. 40, S. 1785. 1956, H. 23, S. 1071. — *Flußfahrgastschiffe und Fahrgastschiffe für Küsten- und Binnenseeverkehr:* Schiffbautechnik 1954, H. 1, S. 35, H. 5, S. 139, H. 6, S. 171; 1955, H. 1, S. 11. Schiff und Hafen 1953, H. 7, S. 319, H. 7, S. 328; 1954, H. 6, S. 526, H. 9, S. 525; 1955, H. 8, S. 515. Hansa 1954, H. 34—35, S. 1527 und 1535; 1955, H. 43, S. 1923.

1.2 Zur Einrichtung von Handelsschiffen

Die Bauart eines Handelsschiffes richtet sich in erster Linie nach der zu befördernden Ladung. Soweit dies hiermit in Einklang zu bringen ist, schenkt man heute mehr als früher auch der äußeren Erscheinung des Schiffes und der Unterbringung der Besatzung besondere Aufmerksamkeit.
Bei Frachtern mit Maschinenanlage in der Mitte des Schiffes ergibt sich hier um die Kessel- und Maschinen- oder Motorenschächte ein größeres Deckshaus mit mehreren Decks, welche die Wohn- und Aufenthaltsräume für die gesamte oder den größten Teil der Besatzung, die Fahrgäste und die Räume für die Navigation aufnehmen. Der restliche Teil der Mannschaft wohnt im Hinterschiff, das heute wegen der verminderten Kollisionsgefahr, der besseren Raumausnutzung und des gefahrloseren Weges bei schlechtem Wetter der Back vorgezogen wird. Bei Schiffen für die Tropenfahrt kann das Vorschiff wegen der günstigeren natürlichen Lüftungsbedingungen allerdings vorteilhafter sein. Dann sollen aber die Schlafräume möglichst weit vom Vorsteven entfernt liegen. Der übrige Raum in der Vorpiek läßt sich für Waschräume, Aborte usw. verwenden. Für die Mitnahme von Fahrgästen galt vor dem Kriege die Regel, daß man entweder Frachtschiffe mit nicht mehr als 12 Plätzen oder kombinierte Schiffe mit mindestens 100 bis 150 Plätzen baute. (Bei Mitnahme von mehr als 12 Fahrgästen gelten die verschärften Sicherheitsbestimmungen für Fahrgastschiffe.) Alles Dazwischenliegende hielt man aus verschiedenen Gründen für nicht vertretbar. In den letzten Jahren sind dagegen verschiedene relativ schnelle Schiffe mit etwa 85 Plätzen gebaut worden; ob sie sich bewähren, steht noch dahin und wird verschiedentlich auch angezweifelt.

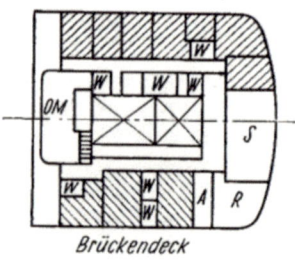
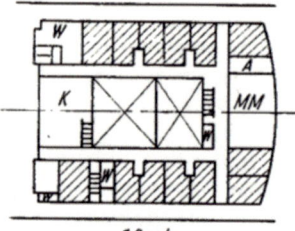
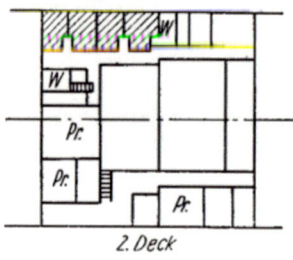

Bild 5. Einrichtungsplan eines etwa 10000 t großen Frachtschiffes

1.21 Beispiele von Frachtern

Im Bild 5 sehen wir in schematischer Darstellung die Verteilung der Räume auf einem Frachtschiff mit etwa 10 000 tdw Tragfähigkeit. Die gesamte Besatzung und sechs Fahrgäste sind in den vier Decks des Mittelschiffsaufbaues untergebracht.
Auf dem 2. Deck befinden sich vier 2-Mann-Kabinen für das Maschinenpersonal mit einem geräumigen Wasch- und Schrankraum nebst Toiletten, ein Gepäckraum, ein Zollverschlußraum, ein Postraum sowie Räume für Gemüse, Fleisch, Kartoffeln, Trockenproviant, Naßproviant und andere Vorräte.
Das 1. Deck enthält Räume für das Decks- und Wirtschaftspersonal und vier Ingenieur-Assistenten, ferner die Küche, einen großen Wasch- und Schrankraum

mit 2 Toiletten. Vorn befindet sich eine geräumige Mannschaftsmesse mit 24 Plätzen und der dazu gehörigen Anrichte.
Die Kabinen der Fahrgäste liegen auf dem Brückendeck (steuerbord) zusammen mit den beiden Gesellschaftsräumen und der Kabine des I. Stewards (vorn). Jede der drei Fahrgastkabinen bietet zwei Personen Platz. Zu jeder Kabine gehört ein Waschraum mit Brausebad und WC. Als Gesellschaftsräume stehen den Fahrgästen ein Speisesalon und ein kleiner Rauchsalon zur Verfügung. Durch eine Gangwand von diesen Räumen getrennt, befinden sich die Kabinen der Ingenieure (backbord) und die Offiziersmesse mit Anrichte (nach achtern). Der leitende Ingenieur hat getrennte Wohn- und Schlafräume mit separatem Bad.
Das Bootsdeck (nicht dargestellt) enthält die Wohnräume des Kapitäns, die Kabinen der Offiziere und das Hospital. Der Funker schließlich hat seine Kabine neben dem Funkraum auf der Kommandobrücke, auf der sich außer den Navigationsräumen noch ein Waschraum für den Kapitän befindet.
Bild 6 zeigt die Einrichtungspläne für ein Frachtschiff von etwa 5000 t Tragfähigkeit. Während die Offiziere, die Ingenieure und 10 Fahrgäste im Mittschiffshaus untergebracht sind, befinden sich auf diesem Schiff die Räume für die Mehrzahl der Mannschaften im Hinterschiff.

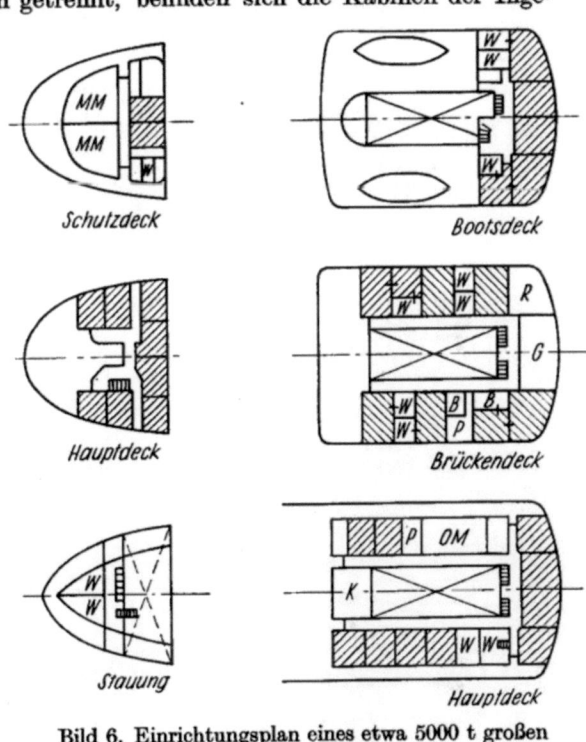

Bild 6. Einrichtungsplan eines etwa 5000 t großen Frachtschiffes

Der Kapitän hat getrennte Wohn- und Schlafräume mit Dusche und Toilette, wie vielfach üblich, auf Steuerbord auf dem Bootsdeck. Ähnliche Räume befinden sich für den 1. Ingenieur auf dem Brückendeck (backbord). Die übrigen Offiziere und Ingenieure, auch Koch, Obersteward, Bootsmann und Steuermann (die beiden letzteren im Hinterschiff) haben Einzelkabinen, wovon die des I. Offiziers mit eigener Dusche und Toilette versehen ist (Bootsdeck backbord). Vier Assistenten und der Rest der Mannschaft wohnen in Kabinen zu zweit, die jedoch ebenfalls nach neuzeitlichen Grundsätzen eingerichtet sind. Zu beachten ist, daß im Waschraum oder in einem Vorraum für die Mannschaft eine genügende Anzahl Schränke untergebracht werden kann.
Auf der nicht gezeigten Kommandobrücke befinden sich das Steuerhaus, der Kartenraum, der Funkraum (FT-Raum) und daneben die Kabine des Funkers.

1.22 Fracht- und Fahrgastschiff für 86 Fahrgäste (Serie „Schwabenstein")

Die aus 91 Mann bestehende Besatzung ist in Räumen untergebracht, die allen neuzeitlichen Anforderungen entsprechen. Während die Offizierskabinen auf dem Bootsdeck und der Kommandobrücke liegen, befinden sich die Räume der übrigen Besatzung auf dem B-Deck und C-Deck.
Besondere Sorgfalt wurde auf die schöne und zweckmäßige Ausgestaltung der Fahrgasträume verwendet. Diese Räume sind durchweg in den großen Mittschiffsbauten untergebracht, und zwar liegen die Fahrgastkabinen auf dem A-Deck,

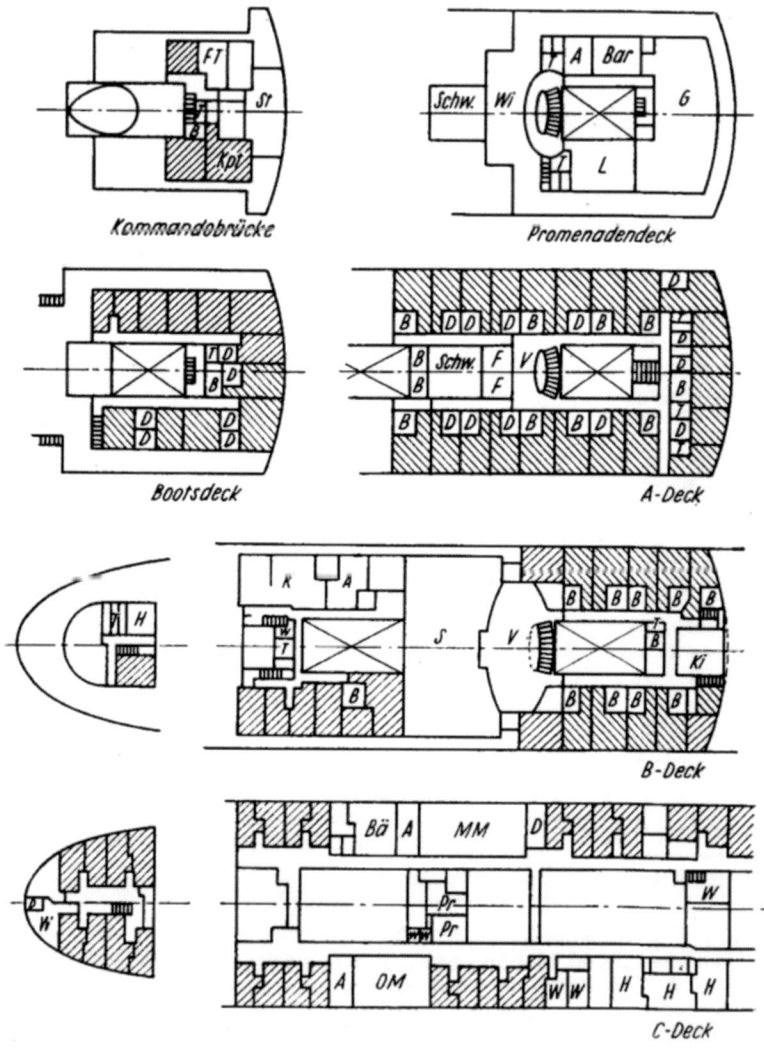

Bild 7. Einrichtungsplan eines Fracht- und Fahrgastschiffes

dem B-Deck und teilweise auch auf dem Bootsdeck. Von den dazugehörigen Gesellschaftsräumen liegen die Eingangshalle, der Speisesaal und das Kinderzimmer auf dem B-Deck, während Gesellschaftshalle, Bar, Schreib- und Lesezimmer und der Wintergarten das ganze Promenadendeck einnehmen.
Die 37 Fahrgastkabinen, durchweg Außenkabinen für 1 oder 2 Personen, sind fast ausschließlich mit einem Schlafsofa ausgestattet, so daß bei Bedarf ohne weiteres ein vollwertiger zusätzlicher Schlafplatz geschaffen werden kann. Jede Kabine hat einen eigenen Toilettenraum mit Bad oder Brause und WC.
Alle Räume wurden, den Anforderungen der Tropenfahrt entsprechend, möglichst hell und luftig gestaltet. Hinter dem geschlossenen Teil des Promenadendecks befindet sich ein offenes Sportdeck, in dessen Mitte ein gekacheltes Schwimmbad eingebaut ist. Besonders augenfällig ist die große Eingangshalle, von der eine breite, geschwungene Treppe zum A-Deck und Promenadendeck führt.
Für die Behandlung erkrankter Fahrgäste befinden sich die erforderlichen Räume in einer besonderen Abteilung des C-Decks, das Hospital für die Besatzung ist dagegen im hinteren Deckshaus untergebracht[1]).

1.3 Tanker (Tina Onassis)

Die Größe des Schiffes (45 720 t) gestattete eine Unterbringung der gesamten Mannschaft im Hinterschiff auf dem Hauptdeck in geräumigen Einmannkabinen. Diese sind großzügig ausgestattet und haben außer dem notwendigen Mobiliar sämtlich Waschbecken für Warm- und Kaltwasser erhalten.
Auf dem Hauptdeck Bb-Seite befinden sich außerdem ein mit Polstermöbeln ausgestatteter Mannschaftstagesraum, Dusch- und Waschräume, WCs, eine gut ausgerüstete Wäscherei, ein Plätterei- und Trockenraum und je ein Raum für reine und schmutzige Wäsche. Ganz achtern liegen die Tauwerks- und Proviantstores sowie der Proviantkühlraum.
Das Poopdeck wird von dem Chef-Koch, dem 4. Ingenieur und den Assistenten in Einbettkabinen und von den Köchen, den Zimmerleuten, Pumpenmeistern und Messejungen in Zweibettkabinen bewohnt. Je zwei Kabinen haben einen gemeinsamen Duschraum mit Waschbecken und WC, der von jedem der beiden Räume zugänglich ist. Weiter befinden sich auf dem Poopdeck ein Hospital mit Schwingkojen und Doppelkojen, Apotheke und Bad, ein Rauchsalon, die Offiziersmesse, die Mannschaftsmesse und zwischen beiden die Küche mit Pantry, die beide Messen versorgt.

---

[1]) Beispiele ausgeführter Bauten in den Fachzeitschriften: *Fracht- und Fahrgastschiffe*: Schiffbau-Technik **1953**, H. 1, S. 6. Schiff und Hafen **1953**, H. 7, S. 310; **1954**, H. 4, S. 207; **1956** H. 4, S. 293, H. 7, S. 563, H. 8, S. 687. Hansa **1954**, H. 17—18, S. 689; **1955**, H. 11—12, S. 505, H. 46—48, S. 1987; **1956**, H. 17—18, S. 747, H. 33—34, S. 1579. — *Frachtschiffe*: Schiffbau-Technik **1954**, H. 10, S. 309, H. 11, S. 335; **1955**, H. 6, S. 161, H. 10, S. 303. Schiff und Hafen **1953**, H. 7, S. 315, H. 8, S. 392, H. 10, S. 501, H. 11, S. 575; **1954**, H. 6, S. 360, H. 8, S. 467, H. 11, S. 683 u. 711; **1955**, H. 4, S. 213 u. 220, H. 9, S. 571, H. 10, S. 635, H. 11, S. 686 u. 697. Hansa **1954**, H. 1—3, S. 130, H. 11, S. 483, H. 13—14, S. 575, H. 17—18, S. 703, H. 19, S. 851, H. 21—22, S. 979, H. 24—25, S. 1105, H. 31—32, S. 1349, H. 37—39, S. 1635, H. 46—48, S. 2039 u. 2095, H. 50—51, S. 2258; **1955**, H. 1—3, S. 147, H. 4, S. 209, H. 9—10, S. 403, H. 17—18, S. 689 u. 701, H. 41—42, S. 1859, H. 43, S. 1899, H. 46—48, S. 2053; **1956**, H. 1, S. 45, H. 4, S. 224 u. 229, H. 7—8, S. 337, H. 42—43, S. 1987.

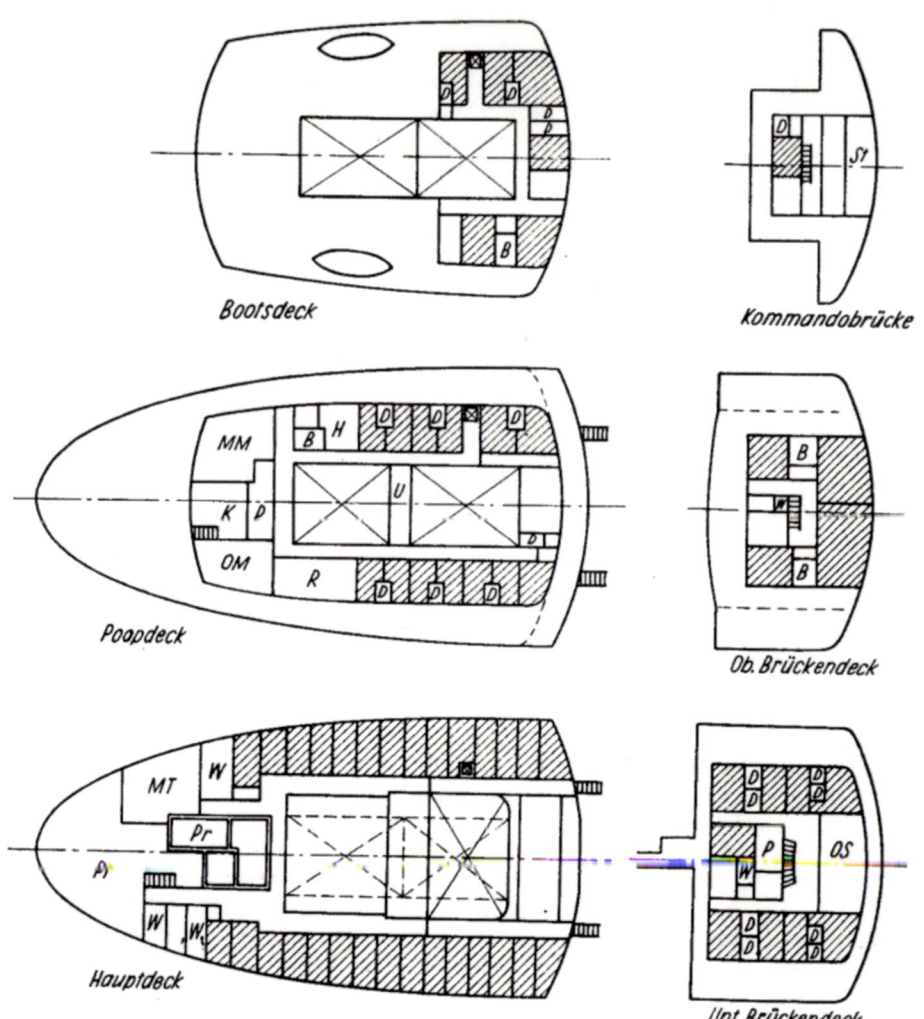

Bild 8. Einrichtungsplan eines Tankers

Auf dem Bootsdeck wird die gesamte Stb-Seite von den Räumen des Chef-Ingenieurs eingenommen, bestehend aus einem Wohn- und Schlafraum mit Dusche und WC, einem Tagesraum und einem zusätzlichen Büro. Vor dem Kesselschacht und auf der Bb-Seite befinden sich die restlichen Ingenieurkabinen, jede mit Dusche und WC. Als besondere technische Einrichtung sei ein elektrischer Personenaufzug für 3 Personen erwähnt, der vom Kesselraum bis zum Bootsdeck hinaufführt.

Auf einer 78 m langen Laufbrücke gelangt man zum vorderen Brückenaufbau. Dort liegen auf dem unteren Brückendeck die Kabinen für Offiziere und Stewards, jede mit Dusche und WC, der Offizierssalon, die Pantry und das Schiffsbüro. Eine breite einläufige Treppe führt vom unteren Brückendeck bis zur Kommandobrücke hinauf.

Das obere Brückendeck enthält auf Stb-Seite eine sehr geräumige Eignerwohnung, bestehend aus einem Salon, einem Schlaf- und Ankleideraum und einem gekachelten Bad. Auf der Bb-Seite befindet sich ein Wohn- und Schlafraum und ein Bad für den Kapitän. Schließlich finden wir auf der Kommandobrücke in ganzer Hausbreite das Steuerhaus, dahinter das Kartenhaus und hinter dem Treppenhaus den Funkraum und die Kabine des Funkoffiziers[1]).

1.4 Verschiedene Schiffstypen

Außer den beschriebenen Schiffstypen gibt es noch eine Reihe von Spezialschiffen, auf deren nähere Beschreibung hier verzichtet wird. Die Decksplän und Beschreibungen ausgeführter Bauten findet der Leser in den verschiedenen Fachzeitschriften[2]).

1.5 Zur Architektur des Schiffsinnenausbaues[3])

Die aus vielen Erfahrungen und Berechnungen entstandene typische Zweckform und Bauweise eines Schiffskörpers stellt den Architekten vor völlig andere Raumverhältnisse als die eines Hauses. Es wäre nun falsch, dieses typisch Schiffsmäßige verleugnen zu wollen, wie es zeitweilig versucht wurde. Die Schiffsinnenarchitektur soll kein Ableger der an Land üblichen Raumgestaltung sein; sie muß sich vielmehr den durch die Konstruktion des Schiffes gegebenen Bedingungen anpassen und die wesentlich anders liegenden Verhältnisse auf einem Schiff berücksichtigen. Sie soll mit der Schiffsform eine Einheit bilden und alle schiffbaulichen Gegebenheiten in ihren Charakter aufnehmen.

---

[1]) Weitere Beispiele ausgeführter Tanker in den Fachzeitschriften: Schiffbau-Technik 1954, H. 2, S. 68. Schiff und Hafen 1953, H. 11, S. 541; 1954, H. 1, S. 15, H. 4, S. 219, H. 5, S. 267; H. 11, S. 667; 1955, H. 12, S. 820; 1956, H. 5, S. 385. Hansa 1954, H. 1–3, S. 135, H. 9–10, S. 384, H. 13–14, S. 561, H. 17–18, S. 710, H. 21–22, S. 969, H. 23, S. 1050, H. 37–39, S. 1631 u. 1646, H. 41–42, S. 1867, H. 46–48, S. 2033; 1955, H. 17–18, S. 671; 1956, H. 4, S. 222, H. 17–18, S. 761.

[2]) *Küstenmotorschiffe:* Schiffbau-Technik 1955, H. 2, S. 39, H. 11, S. 331. Hansa 1954, H. 8, S. 365. — *Fährschiffe:* Schiffbau-Technik 1953, H. 11, S. 337; 1955, H. 9, S. 265. Schiff und Hafen 1953, H. 7, S. 331; 1955, H. 1, S. 57, H. 8, S. 515. Hansa 1953, H. 49, S. 2056; 1954, H. 34–35, S. 1537; 1955, H. 9–10, S. 415.— *Fischereifahrzeuge:* Schiffbau-Technik 1953, H. 12, S. 379. Hansa 1953, H. 43, S. 1781; 1954, H. 40, S. 1767, H. 43–44, S. 1911; 1955, H. 34–35, S. 1523; 1956, H. 24–25, S. 1128. — *Fischerei-Forschungsschiff:* Hansa 1955, H. 26–27, S. 1161. — *Fabrikschiffe:* Schiffbau-Technik 1954, H. 2, S. 65, H. 9, S. 299. Schiff und Hafen 1955, H. 11, S. 703; 1956, H. 7, S. 175.— *Gefrierschiff:* Schiffbau-Technik 1955, H. 1, S. 1. — *Walfangmutterschiff:* Schiffbau-Technik 1954, H. 9, S. 297.— *Walkocherei:* Hansa 1955, H. 40, S. 1786. — *Schlepper:* Hansa 1954, H. 21–22, S. 984, H. 46–48, S. 2087. — *Eisbrecher:* Schiff und Hafen 1954, H. 6, S. 369. Hansa 1954, H. 19, S. 853. — *Feuerlöschboot:* Schiff und Hafen 1954, H. 5, S. 282. — *Fruchtschiff:* Hansa 1955, H. 52–53, S. 2269. — *Hochseejacht:* Hansa 1955, H. 46–48, S. 2009. — *Kühlschiff:* Hansa 1955, H. 43–44, S. 1899.

[3]) Mindestens ebenso sorgfältig wie die Innenarchitektur ist die äußere Formgebung eines Schiffes zu behandeln. Nicht selten wirkt auch hier der Architekt gestaltend mit. Da im Rahmen dieses Buches hierauf jedoch nicht näher eingegangen werden kann, sei auf ein reiches Anschauungsmaterial in der Hansa 1954, H. 1–3, S. 106 und folg.; 1955, H. 1–3, S. 115–123 und 1956, H. 1–3, S. 108–125, verwiesen.

Auf dem Schiff wird die gesamte Einrichtung eines Raumes, im Gegensatz zu den herkömmlichen Zimmereinrichtungen, genau für die besonderen örtlichen Verhältnisse berechnet und auf diese abgestimmt. Sie ist in den Maßen, der Anordnung und der Architektur ein fester Bestandteil jedes Raumes, besonders aber auch dadurch, daß die Möbel fest eingebaut werden. Selbst die Sitzmöbel werden vielfach gezurrt, wodurch sie an einen bestimmten Platz gebunden sind.

Die lichten Raumhöhen sind auf einem Schiff meist sehr gering, so daß besonders bei größeren Räumen versucht werden muß, durch optische Mittel, wie Farbgebung, Gliederung der Wände, Größe der Möbel im Verhältnis zur Höhe der Räume usw. den Eindruck der Gedrücktheit zu mildern. Auf jeden Fall sind in niedrigen Räumen dunkle, lastende Decken, waagerechte Teilungen der Wände und Möbel und andere Momente, die eine ungünstige Wirkung hervorrufen könnten, zu vermeiden. Wegen des geringen Einfalls von Tageslicht, besonders in den unteren Decks, sind dunkle Farbtöne, die auch den Raum enger erscheinen lassen, wenig vorteilhaft.

Wegen der Gebundenheit an die gegebene Raumhülle, an die Ausmaße und die Form des Grundrisses, an die Lage der Türen und Fenster, der Kanäle, Stützen, Oberlichter usw., also an die Gegebenheiten, die sich aus schiffbaulichen Gründen meist nicht ändern lassen, kostet es oft viel Mühe, eine befriedigende praktische und architektonisch ansprechende Lösung zu finden.

Hinzu kommt die notwendige Forderung nach Wirtschaftlichkeit; jeder Quadratmeter muß mit Überlegung ausgenutzt werden. Trotzdem soll die Anordnung und Gestaltung der Einrichtung so beschaffen sein, daß sich Fahrgäste wie Besatzung wohl fühlen.

Gestalterisch wird der Architekt sich sehr nach dem Auftraggeber und damit eigentlich nach dem Geschmack und den Lebensgewohnheiten der überwiegend zu erwartenden Fahrgäste und auch der Besatzung richten müssen. Er wird glücklich sein, wenn er überhaupt in einem gewissen Rahmen frei schaffen kann.

Betont moderne Ausführungen, die wohl den Reiz des Neuartigen haben, werden kaum lange gefallen; sieht man sich doch nichts so schnell über wie übertrieben modische Tageserzeugnisse. Der Mensch unserer Tage, auch der wohlhabende, liebt nicht mehr aufdringlichen Prunk, sondern eine ruhige zurückhaltende Atmosphäre, die durch einfache, schlichte Möbel, Wandtäfelungen, Fußbodenbeläge, Vorhänge usw. erzielt wird, aber deshalb durchaus nicht langweilig zu wirken braucht.

1.6 Arbeitsunterlagen

Dem Architekten oder Konstrukteur müssen für die Ausarbeitung und Ausführung der Räume eine ganze Reihe von Begriffen und Konstruktionen im Schiffbau, die sein Arbeitsgebiet berühren, geläufig sein, wenn er seine Aufgabe zufriedenstellend lösen und die schiffbaulichen Gegebenheiten mit der beabsichtigten räumlichen Gestaltung in Einklang bringen will. Ferner sind die Architektur und die Konstruktionen der Einrichtung weitgehend von den örtlichen Verhältnissen abhängig und müssen diese berücksichtigen.

Als Unterlagen für den Entwurf der Schiffsinneneinrichtung werden zahlreiche Pläne und Einzelzeichnungen benötigt. Die Unkenntnis oder Nichtbeachtung selbst einer scheinbaren Geringfügigkeit kann später unliebsame und kostspielige Folgen haben. Deshalb ist ein gründliches Studium der Unterlagen von größter

Wichtigkeit. Wir entnehmen ihnen alle erforderlichen Maße und Einzelheiten wie Bucht, Sprung, Deckshöhe, Spanten, Decksbalken, Unterzüge, Stützen, Kniebleche, Schottversteifungen und die Fenster- und Türausschnitte in Stahlwänden. Die Unterlagen sind von den verschiedenen Abteilungen des Konstruktionsbüros der Bauwerft zu beschaffen.

Unklarheiten oder Differenzen sind sofort zu beseitigen, sich ergebende notwendige Änderungen müssen abgesprochen werden. In vielen Fällen, z. B. zur Festlegung des Verlaufs und der Abmessungen der Lüftungskanäle, der Kabelbahnen, der Art, Größe und des genauen Standorts der Heizkörper, ist eine enge Zusammenarbeit mit der Werft erforderlich.

Diese Absprachen sind deshalb so wichtig, weil die schiffbaulichen Einrichtungen oft erhebliche Abmessungen haben und häufig gerade dort vorgesehen sind, wo sie am störendsten wirken, sich aber doch möglichst der beabsichtigten Architektur unterordnen sollen. Wo dies aus technischen Gründen nicht möglich ist, hängt es von der Geschicklichkeit des Architekten ab, trotzdem eine voll befriedigende Lösung zu finden.

Die wichtigsten Pläne, die der Innenarchitekt benötigt, sind: Längsschnitt, Hauptspant, Stützen- und Eisenpläne, Möblierungsplan, Süllplan, Türenplan, Fensterplan, Decksbelagsplan, Isolierungsplan, Heizungsplan, Rohrleitungsplan und Koordinierungsplan (in dem die verschiedenen Kanäle, Rohrleitungen und Kabelbahnen in ihrem Verlauf aufeinander abgestimmt sind).

Die wichtigste Grundlage bilden die Möblierungspläne, die schon bei der Projektierung, besonders für die Großräume, in Zusammenarbeit mit dem Architekten aufgestellt werden sollten. Sie enthalten die vom Auftraggeber gewünschte Anzahl, Anordnung und Einrichtung der Räume. Bei der Durcharbeitung der einzelnen Räume ergeben sich aus räumlichen oder architektonischen Gründen vielfach unvermeidliche Änderungen, die im Einvernehmen mit dem Schiffbau und dem Auftraggeber vorzunehmen sind.

Aus den anderen Plänen sind alle Punkte zu entnehmen und zu berücksichtigen, welche die Arbeit berühren. Weiter werden gegebenenfalls Zeichnungen von Feuertüren, Fenstern, Heizkörpern usw. gebraucht.

Eine weitere wichtige Voraussetzung für die Arbeit ist, die Art der Ausführung, d. h. die zu verwendenden Holzarten, Dekorationsstoffe, Teppiche, Beleuchtungskörper u. ä., sowie die Behandlung der Wände, des Fußbodens und der Decke unter Mitwirkung des Architekten zu bestimmen.

1.7 Darstellung

Bei der Projektierung geht mit den schiffbautechnischen Absichten und Forderungen die Aufteilung des zur Verfügung stehenden Raumes für die verschiedensten Zwecke Hand in Hand. Die Gesamtkonzeption wird im *Generalplan* im Maßstab 1:100 (bei größeren Schiffen M. = 1:200) festgelegt, Anzahl, Größe und Lage der einzelnen Räume werden in großen Zügen bestimmt.

Nach dem Generalplan werden die Einrichtungspläne im Maßstab 1:50 aufgestellt. In ihnen ist schon eine möglichst genaue und endgültige Festlegung der Größe der Räume, ihrer Möblierung und die Lage der Fenster und Türen anzustreben. Sämtliche Räume erhalten schon in den Plänen laufende Raumnummern, die auch für den Schließplan und die spätere Kennzeichnung der Räume benötigt werden.

Die Bezeichnung der Decks ist auf größeren Schiffen von oben nach unten etwa folgende: Peildeck, Kommandobrücke mit Sportdeck, Bootsdeck, Promenadendeck, A-Deck, B-Deck, C-Deck usw. Auf kleineren Schiffen lautet sie: Kommandobrücke, Bootsdeck, Oberdeck, Hauptdeck, Unterdeck und Stauung.

Nachdem das Projekt hinsichtlich des Schiffbaus die endgültige Form angenommen hat und für die Bearbeitung der Einrichtung die erforderlichen Unterlagen vorliegen, kann mit der Ausarbeitung der Räume begonnen werden.

Erfahrungsgemäß ergeben sich hierbei aber noch manche Änderungswünsche an den Schiffbau, an Lüftung, Heizung usw., so daß nicht zu spät damit angefangen werden darf. Solange die Zeichnungen die Konstruktionsbüros noch nicht verlassen haben, ist eine Änderung verhältnismäßig leicht möglich; dagegen sind spätere *bauliche* Veränderungen stets mit Kosten verbunden. Da auch werftseitig Änderungen auftreten können, die sich auf die Einrichtung auswirken, ist die Arbeit mit manchen Hindernissen verbunden, die aber wohl nie ganz zu vermeiden sein werden.

Beim Grundriß fängt die Arbeit an. Aus den vielen Möglichkeiten muß die günstigste Lösung gefunden werden, was um so schwieriger sein wird, je beschränkter die Raumverhältnisse sind. Es wird nicht ausbleiben, daß eine Wand oder eine Tür versetzt werden muß. Ist die Einrichtung schon in den Möblierungsplänen festgelegt, wird sich jetzt bei genauer maßstäblicher Austragung herausstellen, ob sie in allen Fällen so ausgeführt werden kann.

Wenn auch im Grundriß die künstlerische Gestaltung der Wände und Möbel und die Art der Werkstoffe noch keine Rolle spielen, muß man sich doch schon im Geiste die räumliche Wirkung der verschiedenen Möbelkörper, besonders der Kleiderschränke oder Doppelkojen, die mit ihrer Höhe am aufdringlichsten sind, vorstellen können.

Liegt der Grundriß fest, folgt mit den Wandansichten und der Aufteilung der Decke der eigentliche Entwurf. Die Gestaltung des Raumes ist mit möglichst allen Einzelheiten (Fensterdekorationen, Beleuchtungskörpern, Schaltern, Steckdosen usw.) und der nötigen Vermaßung darzustellen.

Aus den Wand- und Deckenansichten werden dann schließlich die Einzelzeichnungen der Möbel und die Details der Wände und Decken entwickelt.

Für die Darstellung der Grundrisse, Wand- und Deckenansichten und andere Übersichtszeichnungen der einzelnen Räume ist der Maßstab 1 : 20 angebracht. Für die Grundrisse und Decken sehr großer Räume mag gelegentlich der Maßstab 1 : 50 günstiger sein, wenn die Zeichnungen sonst zu groß werden würden. Die Decken werden nicht von unten gesehen, also geklappt, sondern aus praktischen Gründen auf Grund gezeichnet.

Ist es notwendig, mehr Einzelheiten zu zeigen, ist der Maßstab 1 : 10 zu wählen. Ebenso werden die Möbelansichten in diesem Maßstab gezeichnet.

Zu den Details wird fast ausschließlich der Maßstab 1 : 1 verwandt. Andere Maßstäbe (1 : 2 oder 1 : 5) sind unvorteilhaft, weil sie leicht eine falsche Größenvorstellung von dem Dargestellten geben. Auch vermeide man, eine Vielzahl von Maßstäben auf einer Zeichnung zu benutzen.

Alle Maße werden, wie im Schiffbau üblich, in mm angegeben.

Sämtliche zu einem Raum gehörenden Zeichnungen sind laufend durchzunumerieren, und auf der Grundrißzeichnung ist eine Aufstellung dieser Zeichnungen zu machen.

Zu den Entwürfen und Einzelzeichnungen kommen als weitere Unterlagen die Ausstattungsbeschreibungen der einzelnen Räume, nach der die erforderlichen Material- und Bestellisten für Textilien, Sitzmöbel, Beleuchtungskörper, Beschläge und andere Ausstattungsgegenstände sowie der Bedarf an Materialien aufgestellt werden.

2 Raumbeschreibungen

Die anschließenden Raumbeschreibungen sollen nur Beispiele sein, sie sollen Anhalt und Anregung für den Entwurf solcher Räume geben. Die Grundrisse sind im Maßstab 1 : 100 und nur schematisch dargestellt.
Stets wiederkehrende oder selbstverständliche Einrichtungsgegenstände sind nicht immer besonders aufgeführt.
Sämtliche Decken erhalten ausreichende Deckenleuchten; in den Gesellschaftsräumen, Messen, komfortableren Wohnräumen u. ä. können, den Umständen entsprechend, auch Wandleuchten Verwendung finden. Stehlampen gehören auf Schreibtische, in Lesezimmer, Salons usw.
Lautsprecher mit Anschluß an die Rundfunk-Übertragungsanlage sind in jedem Raum, vor allem in den Großräumen in der erforderlichen Anzahl vorzusehen.
Zu jedem Waschbecken gehören: 1 Spiegel, 1 Glasablegebord, Karaffen und Gläser in Haltern, Seifenschalen, Handtuchhaken und eine Spiegelleuchte.
Uhren, auf größeren Schiffen elektrische Nebenuhren, erhalten die Vestibüle, Restaurants, Salons, die Wohnräume des Kapitäns und leitenden Ingenieurs, der Postraum u. ä.
Zu allen Kojen gehören Wandschutzbretter, 1 Gepäcknetz, 1 Kojenleuchte und, abgesehen von separaten Schlafräumen, Vorhänge.
Sämtliche Fenster werden natürlich mit Vorhängen versehen, die Fenster der Salons, Restaurants, Luxuskabinen, Offiziersräume usw. auch mit Stores. Auf dem PVC-, Linoleum- oder Gummibelag des Fußbodens werden Läufer ausgelegt, die in ihrer Qualität und Musterung der jeweiligen Klasse entsprechen.
Außer dem Postraum und der öffentlichen Telefonzelle erhalten etwa folgende Räume einen Telefonanschluß: die des Kapitäns und der Offiziere, Großräume, Büros, der Kartenraum, der Funkraum u. ä.
Eine elektrische Lichtsignal-Anlage dient zum Herbeirufen der Stewards.
Wohn- und Gesellschaftsräume erhalten Kleiderhaken nach Bedarf und Bildschmuck nach Örtlichkeit.
Für Staubsauger und Tischlampen sind, wo erforderlich, Steckdosen vorzusehen.
Jeder Raum erhält einen Rahmen für das Inventarverzeichnis und einen solchen für eine Hinweistafel betr. Verhalten bei Gefahr, Bedienung usw.

2.1 Verkehrsräume

2.11 Vestibüle

Die Anzahl der Eingänge, der Empfangshallen und Treppenhäuser richtet sich nach der Größe des Schiffes. Durch eine der großen Außenhautpforten oder Haupteingänge gelangt der Fahrgast in die Eingangshalle der entsprechenden Klasse. Hier empfängt er den ersten Eindruck von dem Schiff, das ihn für kürzere oder längere Zeit gastlich aufnehmen und bequem an sein Reiseziel bringen soll. Deshalb ist auf die Ausgestaltung der Empfangshalle besonderes Gewicht zu legen. Sie muß repräsentativ, einladend und geschmackvoll sein und schon eine Vorstellung von den Räumen geben, die dem Fahrgast zur Verfügung stehen werden und ihm die Reise so angenehm wie möglich machen sollen.

Die Eingangshalle ist gewöhnlich ein Teil eines Treppenhauses, von ihr führen bequeme, breite Treppen nach oben und unten zu den Vestibülen der verschiedenen Wohndecks. Von ihr zweigen auch die Gänge zu den Räumen im selben

Bild 9. Vestibül

Deck ab. Ein Treppenhaus und die dazugehörigen Vestibüle bilden eine Einheit und sind als solche in ihrer Gesamtgestaltung zu behandeln.

Da für die Vestibüle außer einem oder zwei Sofas zum Ausruhen oder Warten kaum weitere Möbel in Frage kommen, wird die Raumwirkung von der Anlage des Treppenhauses und der Gestaltung der Wände, Decken und Fußböden bestimmt. Spiegel und Wandleuchten lassen sich auf polierten wie gestrichenen Wänden wirkungsvoll verwenden. Der Fußboden erhält Gummifliesen oder Läufer auf Linoleum[1]), die Mitte der Decke kann z. B. durch eine größere Deckenleuchte betont werden. Auf großen Fahrgastschiffen sind Wegweiserpläne ein willkommenes praktisches Hilfsmittel für die Orientierung.

---

[1]) Wo in diesem Buch von Linoleum gesprochen wird, kann auch PVC-Boden- und -Möbelbelag verwandt werden.

In der Eingangshalle befindet sich das Büro des Obersteward, wo dem Fahrgast auch die Kabine angewiesen wird. Kioske für Zeitungen, Zeitschriften und Bücher, für Tabakwaren, Kosmetikartikel, Süßwaren, Andenken u. ä. sind in den Vestibülen der verschiedenen Decks nach Bedarf verteilt. In der Nähe der Vestibüle liegen möglichst auch das Büro des Zahlmeisters, das Verkehrs- und Gepäckbüro, der Postraum, die Frisiersalons und die Personenaufzüge.

Größere Schwierigkeiten ergeben sich gewöhnlich bei der Konstruktion der Decke, weil in den Vestibülen die meisten Kabelbahnen und Rohrleitungen zusammenlaufen und die Höhe der Decke entscheidend beeinflussen. Da es jedoch erwünscht ist, die Decke gerade in den Vestibülen so hoch wie möglich zu halten, ist es für den Architekten äußerst wichtig, seine Forderungen schon bei der Planung und Koordinierung der Leitungen geltend zu machen und ungünstige Situationen für die Ausbildung der Decke zu verhindern. Die einzelnen Deckenplatten sind möglichst auf Rahmen klappbar anzubringen, damit man jederzeit leicht an die dahinter liegenden Leitungen herankommen kann[1]).

2.12 Gänge

Ihre Anlage muß natürlich zweckmäßig sein und der Notwendigkeit entsprechen. Aus praktischen und architektonischen Gründen sind sie möglichst ohne Knicke, Vor- und Rücksprünge anzuordnen. Gang-

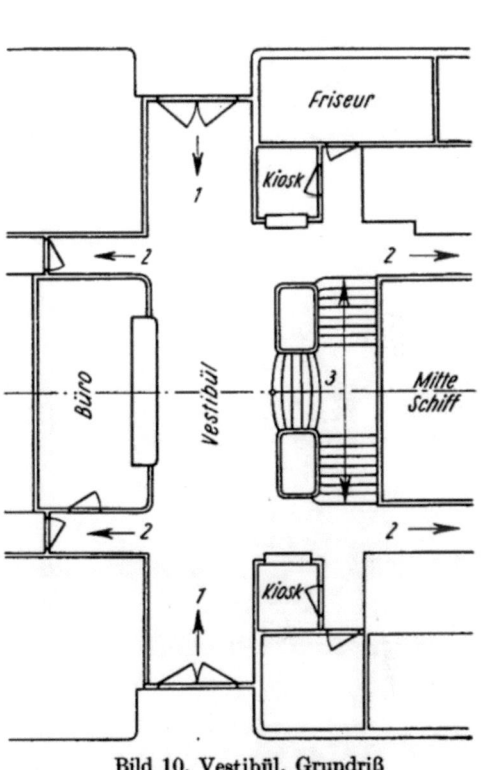

Bild 10. Vestibül. Grundriß
1 = Eingänge, 2 = Gänge zu den Kabinen, 3 = Treppe

labyrinthe, die für den Verkehr und im Falle einer Gefahr unübersichtlich sind, müssen vermieden werden. Auf großen Fahrgastschiffen mit Innenkabinen ist die Anlage von Quergängen erforderlich, um Zugang zu den äußeren Kabinen zu schaffen und für natürliche Luftzufuhr zu sorgen. Die Bullaugen am Ende dieser Quergänge dienen als Notausstieg und müssen deshalb einen Durchmesser von 450 mm haben. Der Zugang darf jedoch nicht durch Einbauten behindert werden. Abgesehen hiervon, ist jeder ungenützte Raum zum Einbau von Schränken für Geräte, Putzzeug, usw. zu verwenden.

---

[1]) Beispiele ausgeführter Vestibüle und Treppenhäuser u. a. in den Zeitschriften: Schiffbau-Technik **1953**, H. 11, S. 342; **1954**, H. 6, S. 185; **1955**, H. 5, S. 151. Schiff und Hafen **1953**, H. 7, S. 323, 335, 370, H. 11, S. 579; **1954**, H. 1, S. 18, H. 4, S. 211, H. 9, S. 527; **1955**, H. 12, S. 821; **1956**, H. 1, S. 47, H. 4, S. 301, H. 7, S. 572. Hansa **1954**, H. 13–14, S. 567, H. 46–48, S. 2058; **1955**, H. 46–48, S. 1995, 1997; **1953**, H. 17–18, S. 753 und 790, H. 33–34, S. 1583–84.

Mindestbreite der Gänge im Bereich der Fahrgasträume:
Hauptgänge 900···1200 mm, Seitengänge 800···900 mm; im Bereich der Besatzungsunterkünfte: Hauptgänge 800···1000, Seitengänge 800.
Die Behandlung der Wände richtet sich nach der Klasse der Decksbereiche. Im Bereich der Mannschaftsunterkünfte und der III. Klasse kommt etwa heller Anstrich in Betracht, wogegen die gestrichenen oder tapezierten Gangwände im

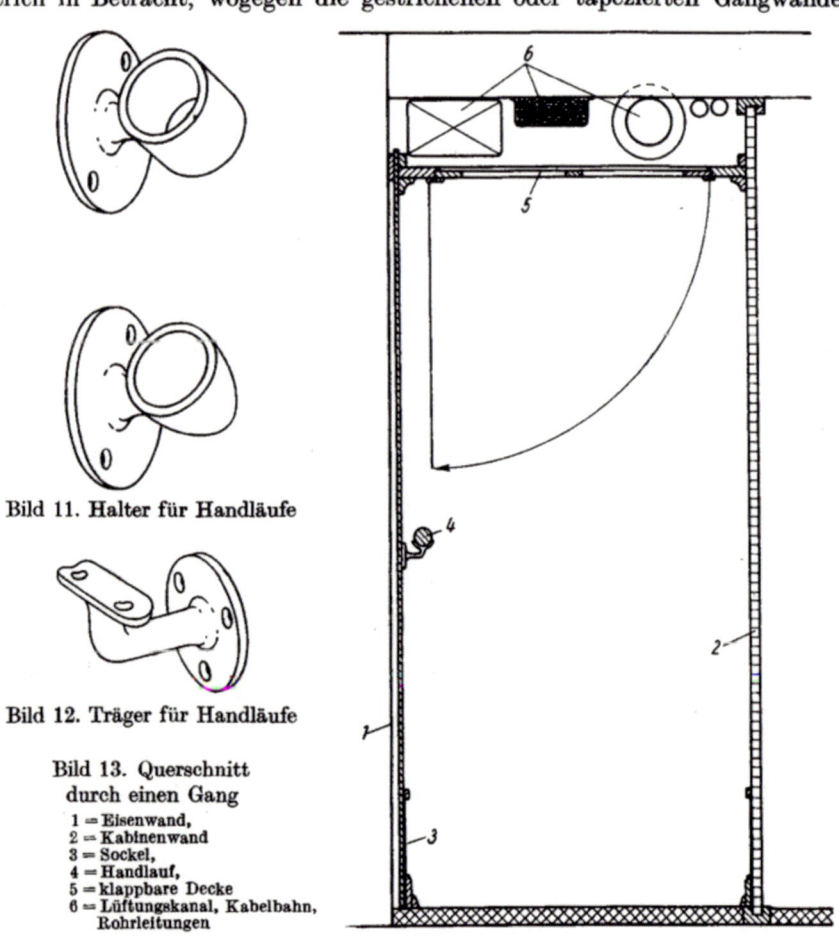

Bild 11. Halter für Handläufe

Bild 12. Träger für Handläufe

Bild 13. Querschnitt durch einen Gang
1 = Eisenwand,
2 = Kabinenwand
3 = Sockel,
4 = Handlauf,
5 = klappbare Decke
6 = Lüftungskanal, Kabelbahn, Rohrleitungen

Bereich der II. und I. Klasse und der Offizierskabinen ein poliertes Paneel (etwa 800 mm hoch) erhalten. Im Bereich der Luxuskabinen können die Wandplatten auch ganz poliert sein.
Die Verleistung und Aufteilung der Wandflächen erfolgt nach besonderem Entwurf. Vorteilhaft ist es, einen Sockel aus Linoleum oder gehämmertem und eloxiertem Leichtmetall zum Schutze der unteren Wandflächen anzubringen.
Um bei Seegang eine Haltemöglichkeit zu bieten, werden an den Gangwänden Handläufe angebracht. Das sind 35···42 mm dicke, runde, polierte (in einfacher Ausführung auch natur-lackierte) Holzstangen, vorzugsweise aus Esche, die mit

Stangenhaltern in 900 mm Höhe haltbar an der Wand befestigt werden. Für schmale Gänge genügt *ein* Handlauf, bei Gangbreiten von 1200 mm und mehr sind jedoch auf beiden Gangseiten Handläufe erforderlich.
Die Türen in den Gängen und Vestibülen sind abschnittsweise einheitlich in der Höhe und Ausführung herzustellen. Sie dürfen nur in Ausnahmefällen (Türen, die selten benutzt werden) in den Gang schlagen, da sie sonst den Verkehr behindern würden. Sämtliche Türen erhalten Raumbezeichnungen oder Nummern auf dem oberen Teil des Türblattes. Beleuchtete transparente Kabinennummern über den Türen erleichtern das Auffinden der Räume.
Unter den Gangdecken verlaufen zahlreiche und oft dicke Kabelbahnen, Rohrleitungen und Lüftungskanäle. Die zuständigen Fachingenieure müssen bestrebt sein, ihre Anlagen so flach wie möglich zu verlegen, damit die Deckenverkleidung die lichte Raumhöhe nicht zu sehr verringert. In sämtlichen Gängen ist die Deckenwegerung klappbar einzurichten, damit Reparaturen oder Handhabungen an den Anlagen leicht auszuführen sind.
Flache Deckenleuchten in genügender Anzahl sorgen für die Beleuchtung der Gänge. Die Deckenteile, an denen sie befestigt sind, werden (im Gegensatz zum oben Gesagten) fest eingebaut. Werden auch Wandleuchten benutzt, müssen diese ebenfalls eine möglichst flache Form haben, damit man sich nicht an ihnen stoßen kann, bzw. damit sie nicht beschädigt werden.

2.2 Unterkünfte und Gemeinschaftsräume für die Besatzung

2.21 Räume des Kapitäns

Die Räume für den Kapitän bestehen aus einem Wohn- und Arbeitsraum und einem Schlafraum mit anschließendem Bad. Auf größeren Schiffen können Wohn- und Arbeitsraum auch getrennt sein.
Die Räume werden besonders wohnlich, komfortabel und geschmackvoll ausgestattet. Die Linoleumfußböden sind vollständig mit Teppichen ausgelegt, und die meist viereckigen Fenster erhalten zweischalige Vorhänge, Stores und Springrollos. Die Sitzmöbel sind weich zu polstern und mit guten Möbelstoffen zu beziehen.
Im *Wohn- und Arbeitsraum* werden die Möbel und die Wände in Edelfurnieren poliert und in warmen Holztönen ausgeführt. Die Wandtäfelung erhält passende Verleistung und Gesims.
Im einzelnen besteht die Einrichtung etwa aus:

- 1 Schreibtisch mit zwei Seitenschränken, Aufsatz und eingebautem Safe,
- 1 Schreibtischsessel,
- 1 Bücherschrank mit Glasschiebetüren,
- 1 Sofa und etwa 2 Sesseln,
- 1 Tisch mit Glasplatte,
- 1 Musikschrank mit Rundfunkempfänger und 10fach Plattenspieler,
- 1 Vitrine mit Glasschiebetüren.

An der Wand über dem Schreibtisch ist geeigneter Platz für eine Uhr und Instrumente wie Barometer, Thermometer, Tochterkompaß, Krängungsmesser sowie eine Sprachrohrverbindung zum Ruderhaus vorzusehen. Freie Wandflächen erhalten passenden Bildschmuck.

Die Eingangstür erhält tunlichst einen Vorhang, mindestens aber dann, wenn sie auf ein Freideck führt.
Im Schlafraum werden die Wände mit hellem Holz getäfelt oder in Schleiflack ausgeführt. Die polierte Einrichtung besteht aus

    1 Holzbett 2000×900 (evtl. ausziehbar für die Frau des Kapitäns),
    1 dreiteiligen Kleiderschrank mit Spiegel, Wäschefächern und Hutboden,
    1 Frisiertoilette mit dreiteiligem Spiegel und Hocker,
    1 Nachtschrank, auf dem evtl. Platz für Telefone sein muß,
    1 oder 2 Stühlen.

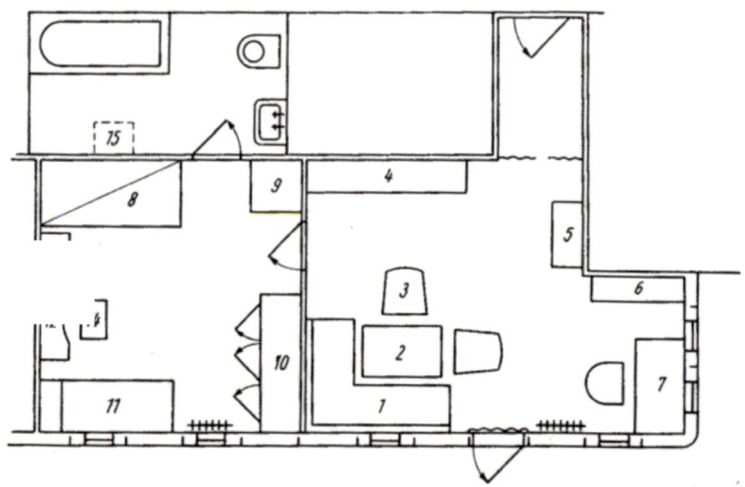

Bild 14. Kapitäns-Wohnraum, Schlafraum und Bad.
1 = Sofa, 2 = Tisch, 3 = Sessel, 4 = Schrank, 5 = Musiktruhe, 6 = Bücherschrank, 7 = Schreibtisch, 8 = Bett, 9 = Kühlschrank, 10 = Kleiderschrank, 11 = Liege, 12 = Frisiertoilette, 13 = Nachtschrank, 14 = Frisierhocker, 15 = Klappsitz

In allen Räumen ist Anschluß an die Klingelanlage, die Rundfunk-Übertragungsanlage (im Arbeitsraum mit Mikrofonanschluß), die Betriebs- und Verkehrstelefonanlage. Auf besonderen Wunsch wird ein Kühlschrank aufgestellt, der einen Umbau erhält[1]).

2.22 Offizierskabinen

Die Unterkünfte für die höheren Offiziere wie den I. Offizier und den Leitenden Ingenieur sind nicht ganz so geräumig und komfortabel wie die des Kapitäns, erhalten aber annähernd gleiche Ausführung. Fehlt ein separates Bad, ist im Schlafraum ein Waschbecken mit Spiegel und sämtlichem Zubehör einzubauen.

---

[1]) Beispiele ausgeführter Kapitänsräume in den Zeitschriften: Schiffbau-Technik **1954**, H. 11, S. 347. Schiff und Hafen **1953**, H. 7, S. 333, H. 8, S. 410 H. 10, S. 503; **1954**, H. 1, S. 18, H. 4, S. 225, H. 5, S. 272, H. 11, S. 701; **1955**, H. 4 S. 217, H. 11, S. 681, 692, H. 12, S. 822–23; **1956**, H. 6, S. 513, H. 11, S. 947. Hansa **1954**, H. 9–10, S. 386, H. 21–22, S. 973, H. 37–39, S. 1635, H. 43–44, S. 1916, H. 46–48, S. 2037, 2098, H. 50–51 S. 2260; **1955**, H. 17–18, S. 635, H. 43–44, S. 1908, H. 46–48, S. 2059; **1956**, H. 17–18, S. 762 und 787, H. 24–25, S. 1119.

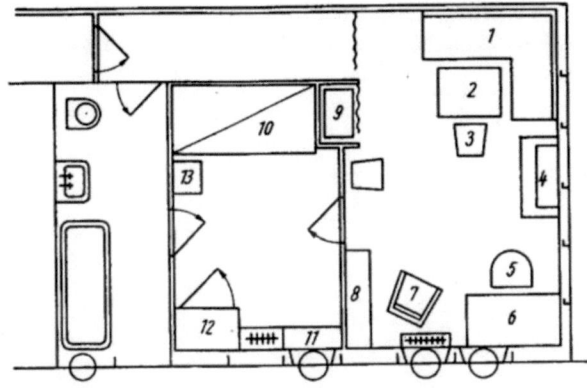

Bild 15. Wohn- und Schlafraum mit Bad für Kapitän oder Leit. Ing.

1 = Ecksofa
2 = Tisch
3 = Stuhl
4 = Schrank mit Aufsatz
5 = Schreibtischsessel
6 = Schreibtisch
7 = Sessel
8 = Bücherschrank
9 = Kühlschrank
10 = Bett
11 = niedriger Schrank, zugleich Heizkörperverkleidung
12 = Kleiderschrank
13 = Nachtschrank

Die Einzelkabinen für die übrigen Offiziere und die im gleichen Rang stehenden Besatzungsmitglieder sind, soweit es die örtlichen Verhältnisse zulassen, einheitlich ausgestattet und entsprechen nach der Art der Ausführung etwa den Kabinen der I. Klasse.

Die Wände erhalten ein halbhohes, poliertes Paneel, darüber Linkrusta-Tapete mit polierter Holz- oder eloxierter Leichtmetallverleistung und Deckengesims. Der Linoleumfußboden erhält Teppichbelag oder Läufer. Die polierte Einrichtung besteht aus:

- 1 hochgepolsterten Sofa, möglichst 1900 mm lang, mit weicher Rückenlehne, Armlehnen nach Örtlichkeit und einer Schlummerrolle,
- 1 Tisch mit Linoleum belegt,
- 1 kleinen Schreibtisch mit einem Seitenschrank (Schreibtisch mit Einrichtung für versenkbare Schreibmaschine nach besonderer Angabe),
- 1 Schreibtischsessel,
- 1 Bücherbord mit Schränkchen, evtl. 1 Aktenständer,
- 1 Einzelkoje aus Holz oder Metall oder eine raumsparende Klappkoje,
- 1 Nachtschrank, falls Platz vorhanden,

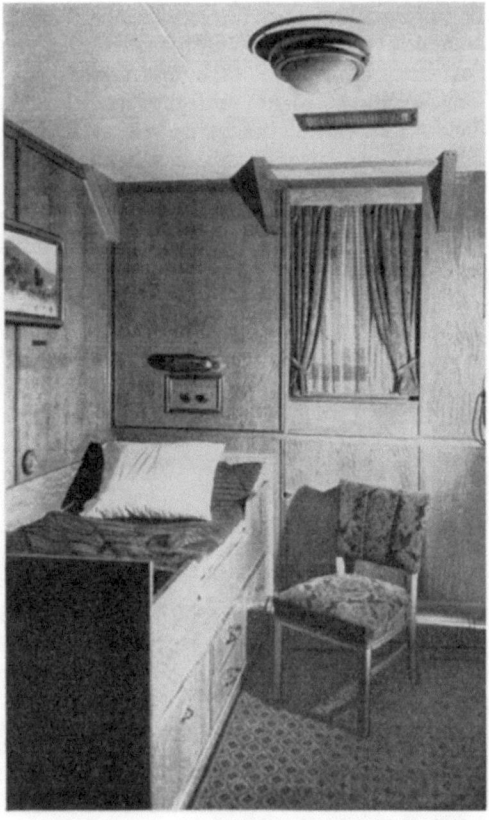

Bild 16. Offizierskabine

1 möglichst zweitürigen Kleider- und Wäscheschrank mit Schubfächern,
1 Waschbecken mit Kalt- und Warmwasseranschluß,
Zimmerthermometer sowie Wandaschenbecher mit Gepäckhalter über der Koje[1]).

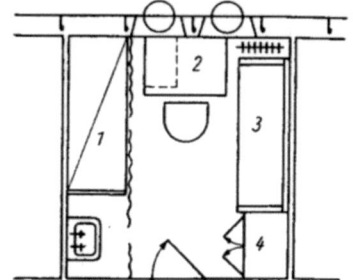

Bild 17. Offizierskabine
1 = Einzelkoje
2 = Schreibtisch
3 = Sofa
4 = Kleiderschrank

2.23 Mannschaftskabinen

Bei der Ausstattung der Mannschaftskabinen ist besonders darauf Rücksicht zu nehmen, daß diese Räume auch in einfachster Ausführung das nötige Maß an Bequemlichkeit und Wohnlichkeit erhalten, weil sie für mehr oder weniger lange Zeit das Heim des Seemanns ersetzen müssen. Die Möblierung richtet sich nach der Belegungsstärke und den vorhandenen Platzverhältnissen. Für genügend Tisch- und Sitzplätze ist zu sorgen. Die Zeiten, wo man eine größere Anzahl in einem Raum zusammenpferchte, ist vorbei; doch wird es sich nicht allgemein ermöglichen lassen, auch die Mannschaft in Einzelkabinen unterzubringen, wie es schon verschiedentlich durchgeführt wurde.

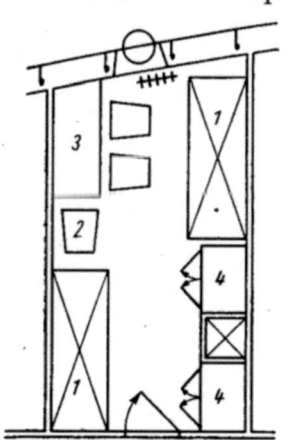

Bild 18
Kabine für Mannschaften
1 = Metalldoppelkoje, 2 = Stuhl,
3 = Tisch, 4 = Kleiderschrank

Beispiel einer Einrichtung: Bild 18.
Die Wände werden in einem hellen, freundlichen Ton gestrichen oder tapeziert und in der Holzart der Möbel verleistet. Der Fußboden erhält Linoleumbelag und wird mit einem Haargarnläufer ausgestattet. Die Möbel sind in Eiche oder Rüster furniert und mattiert zu wählen. Der Deckenanstrich ist hell.

Möblierung:

Schränke in ausreichender Anzahl mit Hutboden, Kleiderstange und Schubkasten (ein besonderer Mantelschrank ist vielfach erwünscht),

1 Tisch möglichst in der erforderlichen Größe, Stühle und, wenn Platz vorhanden, Bänke, flachgepolstert und mit Kunstleder bezogen, die gleichzeitig als Backskisten dienen,

---

[1]) Beispiele von ausgeführten Kabinen für Offiziere und Ingenieure in den Zeitschriften: Schiffbau-Technik **1954**, H. 10, S. 316, H. 11, S. 347. Schiff und Hafen **1953**, H. 7, S. 313, H. 8, S. 410, H. 10, S. 503; **1954**, H. 4, S. 225, H. 5, S. 272, H 11, S. 674; **1955**, H. 12, S. 821; **1956**, H. 4, S. 305. Hansa **1954**, H. 11, S. 484, H. 13—14, S. 567, H. 17—18, S. 694, H. 21—22, S. 973, H. 43—33, S. 1916, H. 46—48, S. 2036.

Metall-Doppelkojen mit Vorhängen, unter den unteren Kojen evtl. Schubkästen,
1 Regal,
1 Waschbecken mit Zubehör und, falls dieses nicht vorhanden, 1 Spiegel,
1 Karaffe und Wassergläser in Haltern, evtl. Notleuchten für Petroleum mit kardanischer Aufhängung.

Im Bereich der Mannschaftsunterkünfte liegen ausreichende Wasch-, Dusch- und Umkleideräume. Darüber hinaus werden jetzt mehr und mehr auch die Mannschaftskabinen mit Waschbecken ausgestattet[1]).

2.24 Offiziersmesse

Die Offiziersmesse dient den Offizieren zum Einnehmen der Mahlzeiten und, soweit dafür kein besonderer Salon vorhanden ist, der Erholung. Die Anzahl der Plätze richtet sich nach dem Bedarf und nach dem zur Verfügung stehenden Raum. Die Wände erhalten gewöhnlich polierte Täfelung oder zumindest poliertes Paneel. Der Linoleumfußboden ist mit Teppichen oder Läufern ausgelegt, und die Decke wird etwa mit einem polierten Fries ausgebildet und mit dekorativen Deckenleuchten versehen.
Die polierte Einrichtung besteht aus:

viereckigen oder runden Tischen mit Linoleumbelag und Schlingerleisten, gepolsterten Stühlen oder Armlehnsesseln, hochgepolsterten Sofas nach Örtlichkeit,
1 Büfett oder 1 Anrichte mit Marmorplatte, Schubladen, und Fächern zur Unterbringung des Messegeschirrs.

Bei Fehlen eines Salons kommen noch hinzu:
1 Klavier mit Hocker,
1 Musikschrank mit Rundfunkempfänger und 10fach Plattenspieler,
1 Bücherschrank, evtl. 1 Zeitschriftenregal.

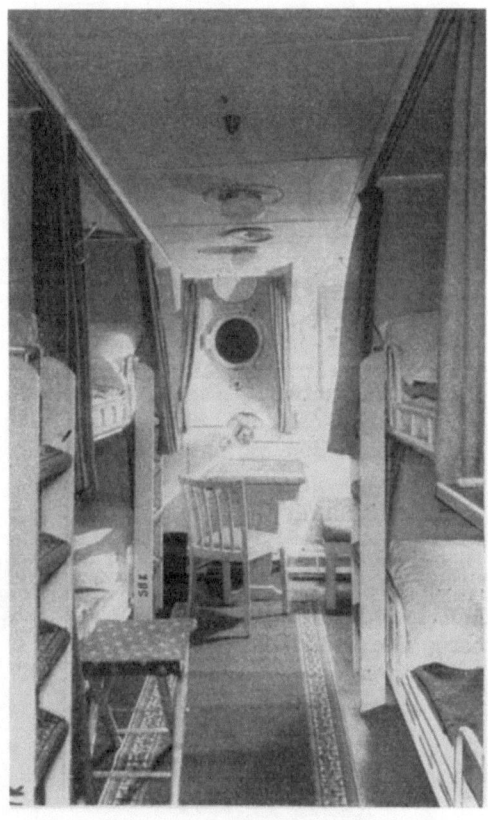

Bild 19. Mannschaftskabine

---
[1]) Beispiele ausgeführter Mannschaftskabinen in den Zeitschriften: Schiffbau-Technik **1954**, H. 11, S. 348. Schiff und Hafen **1954**, H. 11, S. 674. Hansa **1954**, H. 13—14, S. 567, H. 43—44, S. 1916; **1957**, H. 4, S. 232.

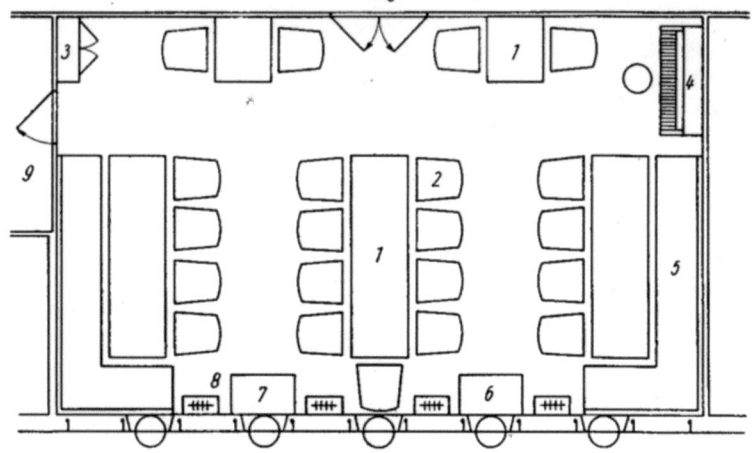

Bild 20. Offiziersmesse
1 = Tisch, 2 = Armlehnsessel, 3 = Bücherschrank, 4 = Klavier, 5 = Sofa,
6 = Musiktruhe, 7 = Schrank für Zeitungen, 8 = Heizkörper, 9 = Anrichte

Beleuchtungskörper: dekorative Decken- und Wandleuchten. An geeigneten freien Wandflächen Bildschmuck und eine Uhr.
Zur angrenzenden Anrichte geht eine Tür und eine Durchreiche.

2.25 Salon für Offiziere

Die Möblierung und der Charakter des Raumes, der der Erholung und der Unterhaltung der Offiziere dient, ist ganz auf diesen Zweck abzustimmen. Wände und Möbel werden in Edelfurnieren poliert ausgeführt. Der Fußboden erhält Teppichbelag. Die Decke kann, der Ausführung des Raumes entsprechend, reicher ausgeführt werden.

Ausstattung:

bequeme, hochgepolsterte Sofas und Klubsessel,
viereckige oder runde Tische, darunter 1 bis 2 Schachtische, die übrigen mit polierter Platte und Glasplatte,
Klavier mit Hocker,
Notenschrank,
Musiktruhe mit Radiogerät und 10fach Plattenspieler,
Schränkchen für Spiele evtl. neben den Sofas,
Bücherschrank, Regale für Zeitungen und Zeitschriften, Wanduhr, Lautsprecher, Telefon und Bildschmuck[1]).

---

[1]) Beispiele von ausgeführten Offiziersmessen und Salons in den Zeitschriften: Schiffbau-Technik **1953**, H. 1, S. 5; **1954**, H. 10, S. 316, H. 11, S. 347. Schiff und Hafen **1953**, H. 7, S. 313, 315, H. 8, S. 410; **1954**, H. 1, S. 18, H. 4, S. 225, H. 5, S. 272; **1955**, H. 4, S. 217, H. 11, S. 700, H. 12, S. 820; **1956**, H. 6, S. 513, H. 9, S. 769, H. 11, S. 947. Hansa **1954**, H. 9—10, S. 386, H. 17—18, S. 694, H. 41—43, S. 1869; **1955**, H. 43—44, S. 1908; **1956**, H. 17—18, S. 762 und 787; **1957**, H. 4, S. 233.

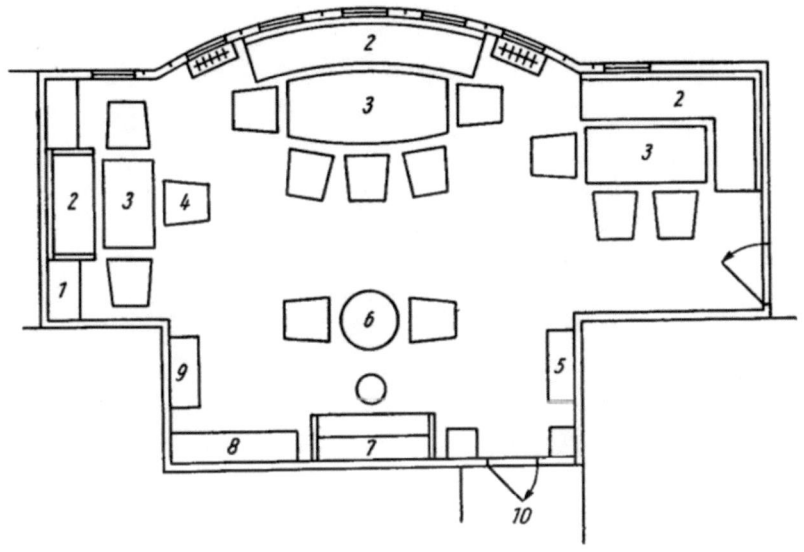

Bild 21. Salon für Offiziere (Grundriß)
1 = niedriger Wandschrank, 2 = Sofa, 3 = Tisch, 4 = Sessel, 5 = Anrichtetisch, 6 = Schachtisch, 7 = Klavier, 8 = Schrank, 9 = Musikschrank, 10 = Anrichte

2.26 Kapitän-Speiseraum

Auf größeren Schiffen ist ein besonderer Speiseraum für den Kapitän und seine Gäste vorzusehen. Er ist gediegen und anspruchsvoll auszustatten. Die Wände werden ganz in Edelhölzern getäfelt und poliert, die Decke reicher ausgebildet. Der Linoleumfußboden erhält vollständigen Teppichbelag.

An Möbeln in erstklassiger Ausführung werden benötigt:

> 1 großer Eßtisch mit Linoleumbelag und Schlingerleiste,
> die nötige Anzahl gepolsterter Stühle,
> halbhohe Schränke je nach Örtlichkeit,
> 1 Anrichte mit Marmorplatte,
> ferner eine Uhr und ein Lautsprecher und Telefon.

Ein- oder mehrarmige Wandleuchten und große Ölgemälde schmücken die Wände, Vorhänge und Stores die Fenster.

2.27 Mannschaftsmesse

Die Mannschaftsmesse soll bei dreifachem Wachwechsel etwa $2/3$, bei vierfachem Wachwechsel etwa $3/4$ der gesamten Mannschaft Platz bieten. Als Holzart ist Eiche, Rüster oder Esche poliert oder mattiert angebracht. Die Wände erhalten matten Lackanstrich oder PVC-Wandbelag und eine Verleistung nach Entwurf. Als Fußboden kommt gefärbtes Steinholz oder Steinholz mit Linoleumbelag in Frage. Die Decke ist mit hellem Anstrich zu versehen.

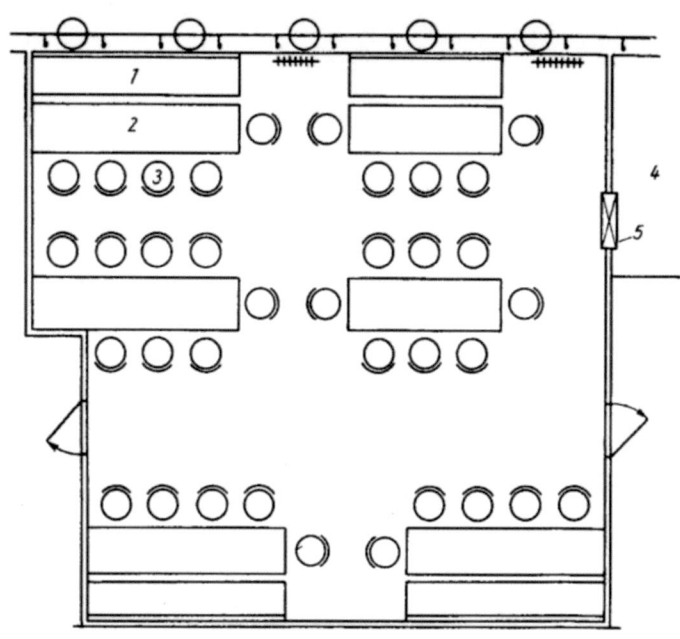

Bild 22. Mannschaftsmesse (Grundriß)
1 = Bank, 2 = Tisch, 3 = Drehstuhl, 4 = Pantry, 5 = Durchgabe

Bild 23. Mannschaftsmesse

Die Einrichtung ist zweckentsprechend auszuführen, sie besteht aus:
> viereckigen Tischen für vier oder mehr Personen, deren Platten mit Linoleum belegt und mit Schlingerleisten versehen sind,
> gezurrten Stühlen oder Drehstühlen mit kunstledernen Flachpolstersitzen,
> flachgepolsterten Bänken längs der Wände nach Bedarf und Örtlichkeit,
> einer Uhr, Telefon und Lautsprecher.

An die Mannschaftsmesse grenzen gewöhnlich eine Anrichte und ein Geschirrwaschraum, die beide Durchreichen zur Messe hin haben.

2.28 Erholungsraum für die Besatzung

Ebenso wie für die Offiziere auf größeren Schiffen ein Salon zur Verfügung steht, erhält die übrige Besatzung ihrer Stärke entsprechend einen Raum für die Freizeit. Die Raumwirkung muß ruhig und behaglich sein, die Wände sind möglichst zu täfeln. Die Sitzmöbel sind weich zu polstern, und der Fußboden erhält Teppichbelag.

Die Einrichtung ist poliert, sie besteht aus:
> Ecksofas und geraden Sofas nach Örtlichkeit,
> kleinen, viereckigen oder runden Rauchtischen, Lese- und Schachtischen,
> Armlehnstühlen,
> Bücherschrank, Regalen für Zeitschriften,
> Schränkchen für Spiele usw.,
> Musikschrank mit Radiogerät und 10fach Plattenspieler.

2.3 Fahrgastkabinen

2.31 Luxuskabinen

Wie schon die Bezeichnung besagt, werden Luxuskabinen mit allem Komfort in den besten Materialien ausgestattet. Für 2 Personen (evtl. mit einem Kind) stehen in ruhiger Lage ein Wohn- und ein Schlafraum, die durch eine Tür miteinander verbunden sind, ein Bad mit Zugang vom Schlafraum und evtl. ein Kofferraum zur Verfügung.

Die Ausführung der Wände kann verschiedenartig sein: polierte Täfelung in Edelhölzern, Anwendung von Schleiflack oder auch Bespannung mit geeigneten Stoffen. Der Linoleumfußboden erhält vollständigen Teppichbelag, die Decke eine reichere Ausführung und die Fenster Vorhänge und Stores aus guten Stoffen sowie Springrollos.

Die polierte Einrichtung besteht im Wohnzimmer etwa aus
> 1 hochgepolsterten Sofa, davor
> 1 Tisch mit Glasplatte,
> 2 Polstersesseln,
> halbhohen Wandschränken nach Örtlichkeit,
> 1 Schreibtisch mit Armlehnstuhl und Aufsatz,
> 1 Rundfunkgerät.

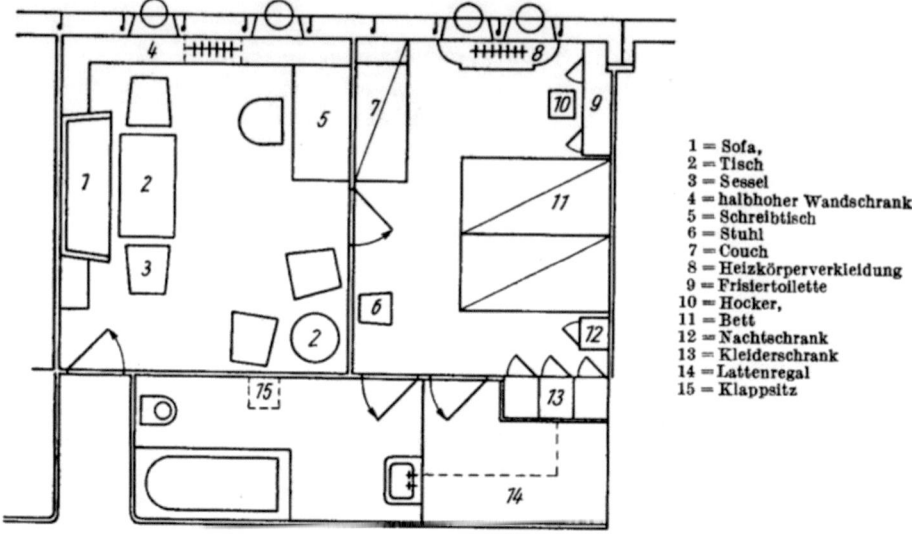

Bild 24. Luxusappartement (Grundriß)

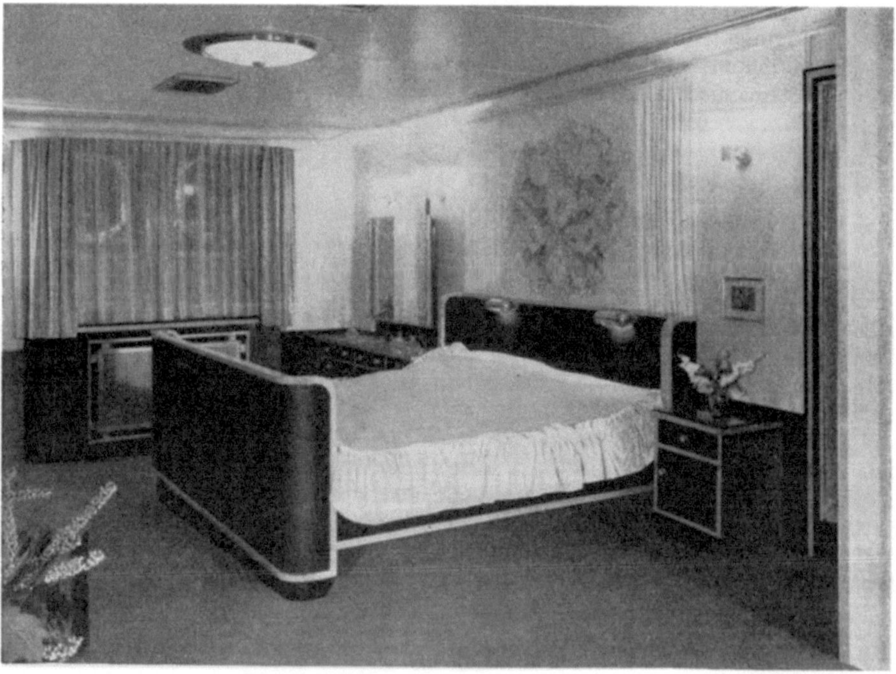

1 = Sofa,
2 = Tisch
3 = Sessel
4 = halbhoher Wandschrank
5 = Schreibtisch
6 = Stuhl
7 = Couch
8 = Heizkörperverkleidung
9 = Frisiertoilette
10 = Hocker,
11 = Bett
12 = Nachtschrank
13 = Kleiderschrank
14 = Lattenregal
15 = Klappsitz

Bild 25. Luxusappartement (Schlafraum)[1]

[1]) Beispiele von ausgeführten Luxuskabinen in der Zeitschrift: Schiff und Hafen **1953**, H. 7, S. 222; **1954**, H. 4, S. 213, H. 5, S. 271, H. 9, S. 528.

Im Schlafzimmer sind folgende Möbel vorzusehen:

2 Betten 2000×1000 mm, evtl. 1 Kinderbett,
1 geräumiger Kleiderschrank mit Spiegel,
1 Frisiertoilette mit dreiteiligem Spiegel und Glasplatte,
1 Liege mit Schlummerrolle,
1 bis 2 Stühle oder Armlehnsessel.

2.32 Kabinen I. Klasse

Für die Fahrgäste der I. Klasse ist ein Wohn- und Schlafraum für 1 bis 2 Personen vorgesehen. Die Wände erhalten polierte Täfelungen oder ein etwa 800 mm hohes poliertes Paneel, darüber abwaschbare Tapete mit polierter Verleistung und Gesims. Der Fußboden wird vollständig mit Teppich ausgelegt, und die gewegerte Decke ist hell zu streichen.

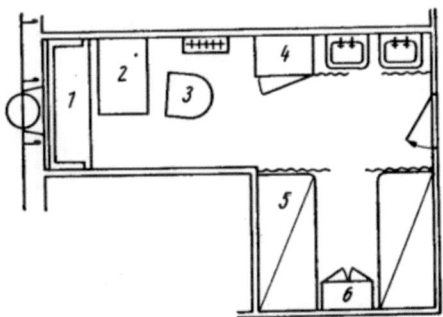

Bild 26. Kabine I. Klasse (Grundriß)
1 = Sofa, 2 = Tisch, 3 = Sessel, 4 = Schrank,
5 = Einzelkoje, 6 = Nachtschrank

Die polierte Möblierung aus Edelfurnieren besteht aus

1 hochgepolsterten Sofa,
1 Tisch mit polierter Platte und Glasplatte,
evtl. 1 kleinen Schreibtisch, Platte mit Linoleum,
1 oder 2 Einzelbetten,
1 geräumigen, zweitürigen Kleiderschrank,
1 bis 2 Polsterstühlen oder Armlehnsesseln,
1 oder 2 Waschbecken mit Anschluß an die Kalt- und Warmwasserleitung
1 oder 2 Nachtschränken.

Die Betten werden je nach Räumlichkeit möglichst vom Wohnteil durch Vorhänge getrennt. Die Anordnung der Kabinen soll möglichst so sein, daß sie nach Bedarf untereinander durch Türen verbunden und damit Familienappartements geschaffen werden können.

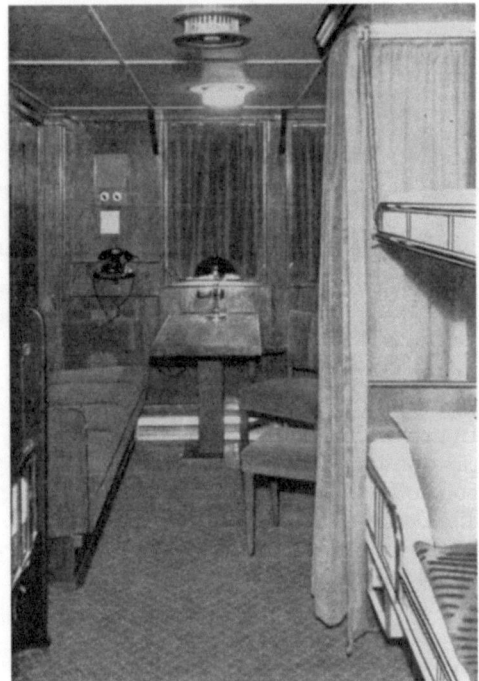

Bild 27. Kabine I. Klasse

In jeder Kabine I. Klasse und in den Luxuskabinen ohne Kofferraum ist ein besonderer Platz mit zweckentsprechender Befestigungsvorrichtung an der Wand für die Unterbringung des heute für solche Fahrgäste unentbehrlich gewordenen Schrankkoffers vorzusehen.

2.33 Kabinen II. Klasse

Die Kabinen sind für 2 bis 4 Fahrgäste eingerichtet. Die Wände werden mit Linkrusta oder ähnlichem Material tapeziert und mit polierten Holzleisten oder eloxierten Leichtmetallprofilen verleistet. In besserer Ausführung erhalten sie auch tischhohe polierte Paneele. Der Fußboden erhält Linoleum- oder PVC-Fußbodenbelag und Läufer.

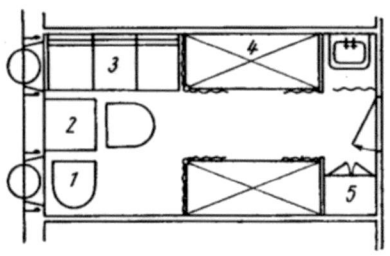

Bild 28. Kabine II. Klasse (Grundriß)

1 = Sessel
2 = Tisch
3 = Sofa
4 = Doppelkoje
5 = Schrank

Einrichtung:
Doppelkojen aus Holz oder Metall mit Kojenleitern, Wandschutzbrettern, klappbaren Gepäckhaltern und Kasten für Spucknapf unter der unteren Koje,
1 Tisch mit Linoleumbelag,
1 Sofa, das auch als Schlafsofa oder Sofadoppelkoje konstruiert sein kann,
Stühle, gepolstert, nach Bedarf und Aufstellungsmöglichkeit (bei knappem Raum Klapphocker nach Bedarf),
Kleiderschränke entsprechend der Belegungsstärke,
1 Waschbecken mit Anschluß an die Kalt- und Warmwasserleitung.

Eine Schwimmweste kann praktisch in einer auszusparenden Ecke der Auflagematratze unter dem Kopfkeil untergebracht werden.

2.34 Kabinen III. Klasse

In den Kabinen der III. Klasse werden je nach Größe der Räume 4 bis 8 Fahrgäste untergebracht. Die Wände werden hell gestrichen und lackiert. Der Fußboden besteht aus geglättetem und gefärbtem Steinholz oder er erhält Belag. Ist die Decke ohne Wegerung, erhält sie Korkbewurf, Lüftungskanäle und Rohrleitungen bleiben unverkleidet.
Die Möblierung wird in Eiche oder Esche mattiert oder neuerdings in Leichtmetall lackiert ausgeführt. Sie besteht aus:
1 Tisch mit Möbelbelag,
Stühlen und Sitzbänken, flach gepolstert und mit Kunstleder bezogen, Anzahl nach Bedarf und den Platzverhältnissen (evtl. Klapphocker),
Kleiderschränken, möglichst für jeden Fahrgast einen Schrank,

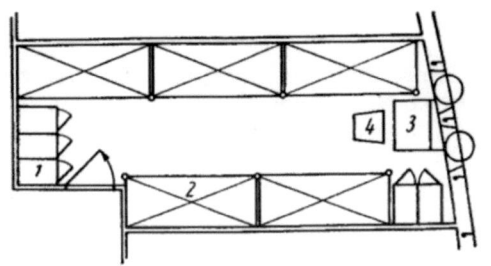

Bild 29. Kabine III. Klasse (Grundriß)
1 = Schrank
2 = Metalldoppelkoje
3 = Klapptisch
4 = Stuhl

Metall-Doppelkojen mit Kojenleitern und Schubkästen unter den unteren Kojen und Kästen für Spucknapf.

Da vielfach keine Waschbecken in den Räumen vorgesehen sind, stehen gemeinschaftliche Wasch- und Duschräume zur Verfügung, Spiegel sind aber trotzdem notwendig[1]).

Bezüglich der Klasseneinteilung, die sehr unterschiedlich getroffen wird, sei auf die Ausführungen unter 1.1 verwiesen.

2.4 Gesellschaftsräume u. ä.

2.41 Speiseräume

Auf größeren Schiffen erhält jede Klasse einen eigenen Speisesaal, der in seinem Aufwand und seiner Ausstattung den einzelnen Klassen entsprechend ausgestattet sein muß.

Der Speisesaal I. Klasse soll möglichst für sämtliche Fahrgäste dieser Klasse Platz bieten, in der II. Klasse kann auch in zwei, in der III. Klasse in drei Schichten

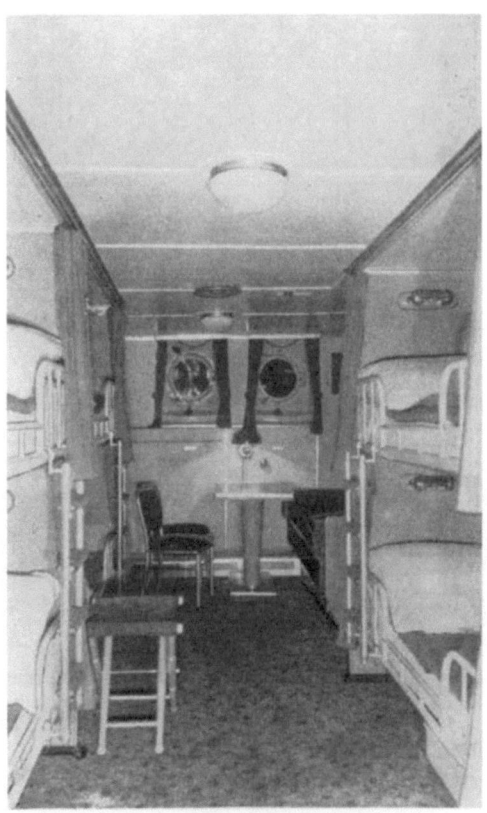

Bild 30. Kabine III. Klasse

---

[1]) Weitere Beispiele von ausgeführten Fahrgastkabinen in den Zeitschriften: Schiffbau-Technik 1954, H. 6, S. 183; 1955, H. 5, S. 151. Schiff und Hafen 1953, H. 7, S. 313, H. 8, S. 410, H. 9, S. 441, H. 10, S. 503, H. 12, S. 658; 1954, H. 2, S. 92, H. 4, S. 213, H. 6, S. 364, H. 8, S. 470; 1955, H. 12, S. 823, H. 11, S. 679, 680; 1956, H. 4, S. 305, H. 11, S. 956. Hansa 1954, H. 11, S. 484, H. 17—18, S. 695, H. 19, S. 851, H. 36, S. 1595, H. 37—39, S. 1637, H. 41—42, S. 1873, H. 46—48, S. 2058, H. 50—51, S. 2260; 1955, H. 1—3, S. 116, H. 17—18, S. 674, H. 43—44, S. 1907, H. 46—48, S. 1998, 2018; 1956, H. 4, S. 240, H. 7—8, S. 369, H. 24—25, S. 1119.

gegessen werden. Dementsprechend ist die Anzahl der Tische, deren Größe in der I. und II. Klasse für bis zu vier, für die dritte Klasse auch für mehr Personen zu berechnen ist.

Die Wände sind geschmackvoll aufzugliedern und der Klasse entsprechend zu täfeln, zu tapezieren oder zu streichen. Bilder, Spiegel und Wandleuchten sind bei der Gestaltung wirkungsvoll anzuordnen. Die Sitzmöbel werden gepolstert, wobei

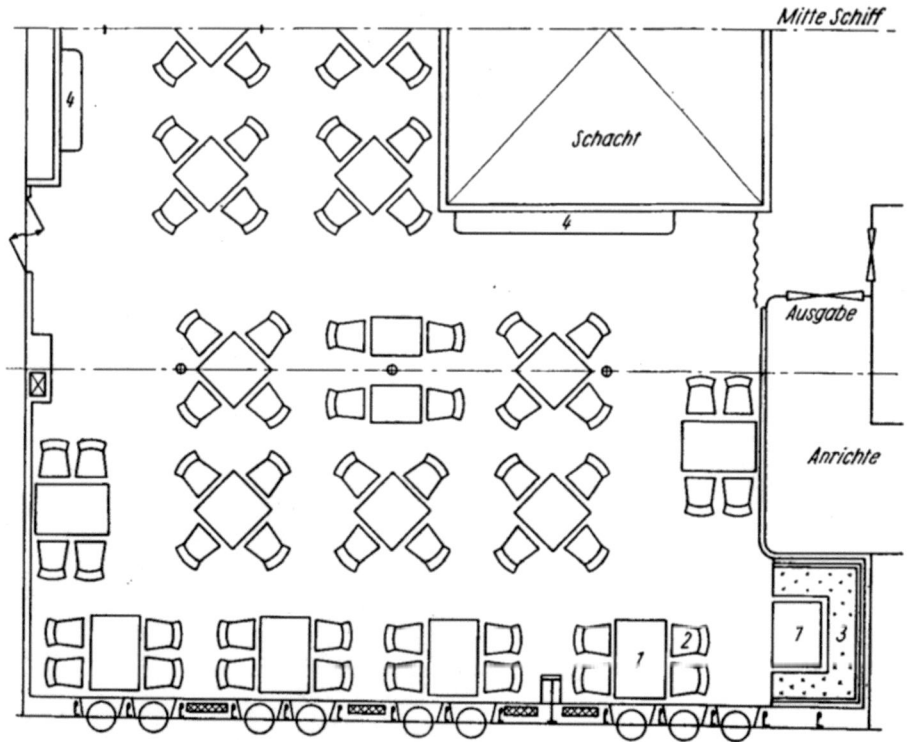

Bild 31. Restaurant (Grundriß)
1 = Tisch, 2 = Stuhl, 3 = Sofa, 4 = Anrichte

die I. und II. Klasse Hochpolster und Stoffbezug, die III. Klasse Flachpolster und Kunstlederbezug erhalten.

Zur polierten Einrichtung gehören im allgemeinen
    Tische mit Schlingerleisten und Linoleumbelag,
    Stühle in der nötigen Anzahl, in der I. Klasse evtl. auch Sofas an den Wänden nach Örtlichkeit,
    1 Theke mit Kühlschrank für Faß- und Flaschenbier, üblicher vernickelter Platte und Zapfsäule und Anschluß an die Trinkwasserleitung, Gläserregale, Schränke für Tabakwaren usw.,
    Schrank für Kohlensäureflasche,
    kleine Serviertische an geeigneten Plätzen,
    evtl. auch Klavier oder Flügel.

Der Fußboden erhält in der I. Klasse in der Regel Teppichbelag, in der II. Klasse Linoleumbelag mit Läufern und in der III. Klasse nur Linoleumbelag[1]).

2.42 Rauchsalon

Um die gewünschte Atmosphäre zu schaffen, ist für die Einrichtung von Rauchsalons ein dunklerer, warmer Ton zu wählen, wobei der Aufwand der Klasse ent-

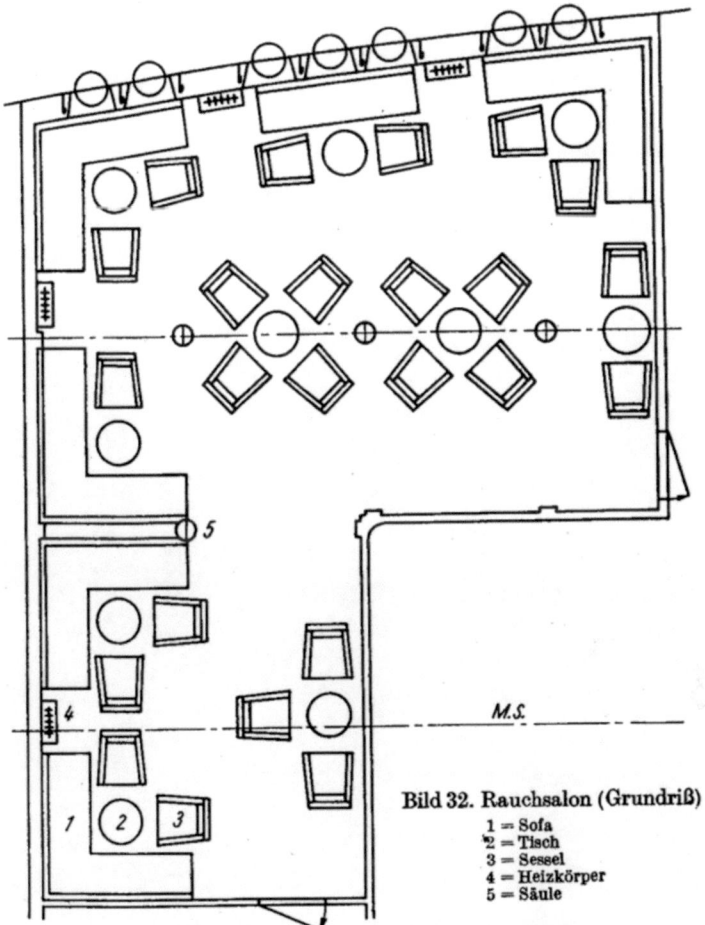

Bild 32. Rauchsalon (Grundriß)
1 = Sofa
2 = Tisch
3 = Sessel
4 = Heizkörper
5 = Säule

---

[1]) Beispiele ausgeführter Speiseräume, Cafes und Bars in den Zeitschriften: Schiffbau-Technik **1954**, H. 6, S. 185, H. 10, S. 316. Schiff und Hafen **1953**, H. 7, S. 313, 323, 329, 336, H. 8, S. 394, 410, H. 10, S. 503, H. 11, S. 565, 579, H. 12, S. 658; **1954**, H. 4, S. 212, 226, H. 11, S. 680; **1955**, H. 11, S. 676—678; **1956**, H. 1, S. 48, H. 3, S. 196, H. 4, S. 301, H. 7, S. 571, H. 9, S. 769. Hansa **1954**, H. 11, S. 483, H. 13—14, S. 579, H. 17—18, S. 693, 707, H. 19, S. 852, H. 21—22, S. 971, H. 36, S. 1595, H. 37—39, S. 1635, H. 41—42, S. 1873, H. 46—48, S. 2058, H. 50—51, S. 2260; **1955**, H. 8, S. 372, H. 9—10, S. 407, H. 11—12, S. 505, H. 17—18, S. 674, H. 43—44, S. 1907, H. 46—48, S. 1995, 1997, 2016, 2017; **1956**, H. 17—18, S. 751, H. 23, S. 1072, H. 33—34, S. 1583; **1957**, H. 4, S. 240.

spricht. Jedoch sind Wände möglichst zu täfeln und die Sitzmöbel weich zu polstern. Der Fußboden wird mit Gummifliesen oder PVC-Fußbodenbelag ausgelegt. Einrichtung, poliert oder mattiert:
>Rauchtische, darunter 1 oder 2 Schachtische,
>bequeme Polstersessel und Sofas, mit dunklem Leder, in der III. Klasse evtl. Kunstleder, bezogen.

Vielfach erhalten die Rauchsalons auch
>1 Bartisch mit Marmorplatte,
>entsprechende Anzahl Barhocker,
>an der Rückwand Flaschen- und Gläserregale und Schränke [1]).

2.43 Musik- und Tanzsalon

Auf eine harmonische und gediegene Ausgestaltung des Musik-. und Tanzsalons wird stets besonderer Wert gelegt. Der Charakter soll festlich sein, deshalb sind lichte Töne von hellen polierten Edelhölzern bis zu weißen Lackanstrichen

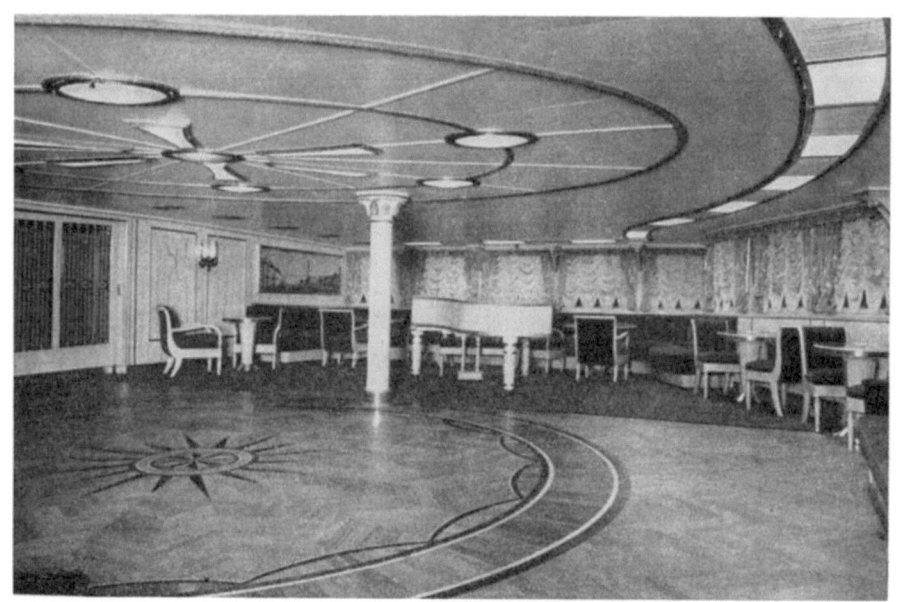

Bild 33. Musik- und Gesellschaftssalon

---

[1]) Abbildungen ausgeführter Rauchsalons in den Zeitschriften: Schiffbau-Technik **1954**, H. 10, S. 316. Schiff und Hafen **1953**, H. 7, S. 313, 316, 323, 329, 336, H. 10, S. 503; **1954**, H. 5, S. 271, H. 6, S. 364; **1955**, H. 11, S. 676, 692; **1956**, H. 1, S. 47, H. 4, S. 301, H. 5, S. 389, H. 7, S. 571. Hansa **1954**, H. 13—14, S. 539, H. 19, S. 852, H. 21—22, S. 971, H. 37—39, S. 1635, 1637, H. 41—42, S. 1873; **1955**, H. 8, S. 372, H. 9—10, S. 407, H. 17—18, S. 674, H. 41—42, S. 1861, H. 43—33, S. 1907, H. 46—48, S. 1995, 1996, 2046, 2059; **1956**, H. 17—18, S. 751 und 790, H. 24—25, S. 1119, H. 33—34, S. 1583, H. 42—43, S. 1990.

Bild 34. Schreib- und Leseraum mit Bücherausgabe

(Schleiflack) zu wählen. Sehr reizvoll kann die Verwendung von Springlack mit andersfarbiger Untermalung sein.

In der Mitte des Raumes ist eine Tanzfläche mit Parkettfußboden und seitlich ein erhöhtes Musikpodium vorzusehen. Der Fußboden außerhalb der Tanzfläche erhält Teppichbelag. Die Decke über der Tanzfläche gibt die Möglichkeit für eine effektvolle Gestaltung und Beleuchtung.

Einrichtung:

> 1 Konzertflügel,
> kleine Tische, mit Glasplatten belegt, für 2···4 Personen,
> leichte, hochgepolsterte Armlehnsessel und Sofas[1]).

2.44 Bibliothek

Die Ausstattung einer Bibliothek sollte in der Form und im Farbton ruhig und unaufdringlich sein. Die Wände werden ganz getäfelt, z. B. in Rüster dunkel mattiert, oder erhalten Stoffbespannung mit einem etwa 800 mm hohen Paneel. Der Fußboden erhält vollständigen Teppichbelag.

---

[1]) Abbildungen ausgeführter Salons in den Zeitschriften: Schiffbau-Technik 1953, H. 11, S. 342; 1954, H. 6, S. 183; 1955, H. 5, S. 151. Schiff und Hafen 1954, H. 4, S. 211, H. 6, S. 364, H. 8, S. 470, H. 9, S. 528, H. 11, S. 680, 701; 1956, H. 1, S. 48. Hansa 1954, H. 9—10, S. 386, H. 17—18, S. 693, H. 21—22, S. 971, 986, H. 46—48, S. 2058, 2095; 1955, H. 1—3, S. 116, H. 11—12, S. 506, H. 46—48, S. 2017, 2045; 1956, H. 17—18, S. 762 und 790, H. 24—25, S. 1119.

Die in der Holzart der Wände gehaltene Möblierung besteht aus
Lesetischen, darunter 1…2 Schachtische,
Polstersesseln und Sofas nach Örtlichkeit,
1 Bücherausgabe mit Bücherschränken, Ausgabetisch und Stuhl,
1 niedrigen Schrank für Zeitschriften und Tageszeitungen,
möglichst auf jedem Tisch eine Leselampe.

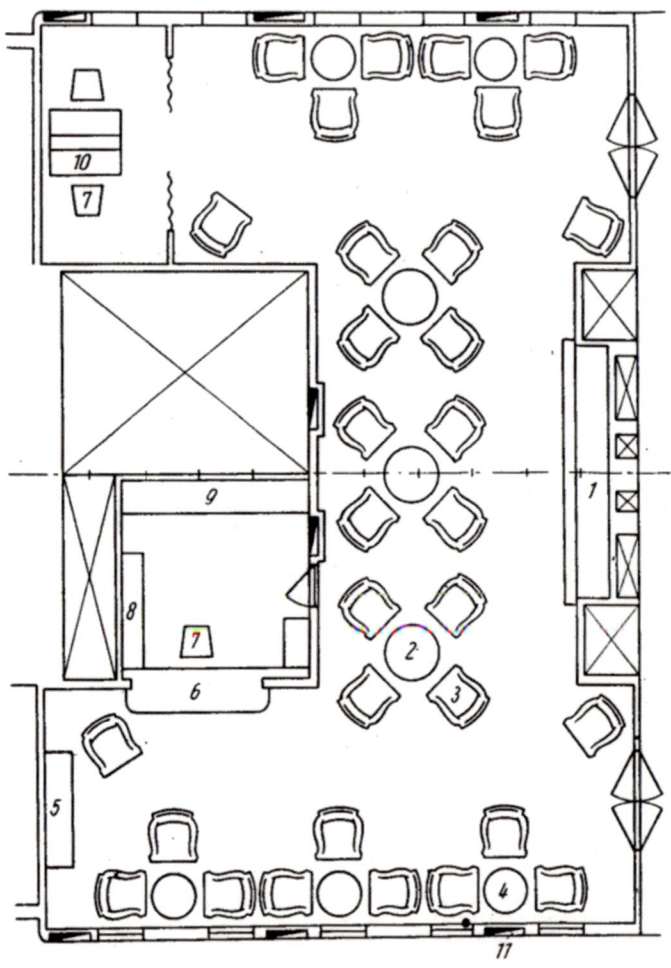

Bild 35. Größere Bibliothek mit Schreibraum (Grundriß)

1 = Bücherauslage,
2 = Lesetisch, 800 mm ⌀
3 = Sessel
4 = Lesetisch, 650 mm ⌀
5 = Schrank für Zeitschriften
6 = Ausgabetisch
7 = Stuhl
8 = Regal
9 = Bücherschrank
10 = Doppelschreibtisch
11 = Warmluftheizung

Befindet sich in der Bibliothek eine Schreibecke, sind kleine Schreibtische mit Tischlampen und Stühlen vorzusehen[1]).

2.45 Kinderzimmer

Das Kinderzimmer erhält eine farbfrohe Ausführung und wird mit Kindermöbeln und Spielgeräten ausgestattet. Die leicht getönt gestrichenen Wände können durch große, farbige Wandmalereien mit Motiven aus der Märchen- oder Tierwelt belebt werden. Der Linoleumfußboden ist teilweise mit Teppichen belegt. Die Decke ist hell zu streichen, und die Fenster erhalten bunte Vorhänge.

Die in hellen Tönen lackierte Möblierung kann etwa bestehen aus
- Kindertischen mit Linoleumbelag,
- Bänken und kleinen Stühlen mit Flachpolster und Kunstlederbezug,
- Schränken für Spielsachen, Bücher, Schreib- und Zeichenutensilien,
- 1 kleines Karussel,
- 1 Rutschbahn,
- 1 Wippe,
- 1 Schaukelstuhl,
- 2 bis 3 Schaukelpferden,
- evtl. 1 Klavier,
- Garderobehaken.

Bild 36. Kinderzimmer

---

[1]) Weitere Abbildungen ausgeführter Lese- und Schreibräume sind in nachfolgenden Zeitschriften zu finden: Schiff und Hafen **1954**, H. 4, S. 212; **1955**, H. 11, S. 678. Hansa **1954**, H. 17—18, S. 693, H. 46—48, S. 2058; **1955**, H. 46—48, S. 1996.

Die Ausführung der Decken- und Wandleuchten muß ebenfalls einem Kinderzimmer angepaßt sein.
Wenn neben dem Kinderzimmer noch ein Schlafraum für Kinder vorgesehen ist, wird dieser mit Kinderbetten, Kleider- und Wäscheschränken, Nachtschränken und Stühlen ausgestattet.

2.46 Frisierräume

Bei Unterbringung von mehr als etwa 300 Fahrgästen und einer Reisedauer, die länger als drei Tage währt, wird die Einrichtung von Frisierräumen notwendig. Sie werden zweckentsprechend und mit dem nötigen Inventar versehen. Form- und Farbgebung haben sich dem praktischen Zweck und der notwendigen Hygiene anzupassen.
Sind Frisierräume für verschiedene Klassen vorhanden, ist die Ausstattung entsprechend zu variieren. Die Möglichkeit liegt zwischen hellem Lackanstrich und ganz polierter Ausführung. Dekorative Spiegel können die Wirkung erhöhen. Die Decke ist stets hell zu streichen und der Fußboden mit Linoleum zu belegen.
Die wichtigsten Einrichtungsgegenstände sind:

> Frisiertische (645 × 530 mm) in der nötigen Anzahl und mit allem Zubehör,
> große Spiegel über den Waschtischen,
> Barbierstühle für den Herren-Frisiersalon, Frisierstühle für den Damen-Frisiersalon,
> Wäscheschränke, Schränke für gebrauchte Wäsche,
> Wandschränke für Parfümerien usw.,
> Polstersofas oder Sessel für die Wartenden,
> Manikürtisch,
> Hut-, Kleider- und Handtuchhaken nach Erfordernis.

Für die elektrischen Geräte sind die erforderlichen Anschlüsse vorzusehen. Die Frisierräume dürfen nicht gleichzeitig als Wohnraum dienen.

2.47 Kino

Die Einrichtung eines Kinos kommt nur auf größeren Fahrgastschiffen in Betracht. Sie stellt gewöhnlich wegen der beschränkten Raumverhältnisse, besonders infolge der geringen Deckshöhen, den Architekten vor erhebliche Schwierigkeiten, wenn er alle Bedingungen, die ein Kino erfordert, erfüllen will.
Die Stuhlreihen müssen möglichst nach hinten ansteigen, und die Filmwand muß so angebracht werden, daß von jedem Platz aus gute Sicht ist. Zur Sicherheit der Besucher sind für den Fall einer Gefahr die Fluchtwege zu berücksichtigen und genügend Ausgänge vorzusehen, deren Türen nach außen schlagen und mit einem Notlicht versehen sein müssen. Der Vorführraum muß durch feuerisolierte Eisenschotte vom Zuschauerraum getrennt sein.
Ist für ein fest eingerichtetes Kino kein Platz vorhanden, empfiehlt sich ein Mehrzweckraum, der auch z. B. als Gesellschaftsraum oder für Gottesdienste hergerichtet werden kann. Bei Schiffen bis zu etwa 20 000 t wird die Filmvorführung

meist in einem der großen Speisesäle stattfinden. Zu diesem Zweck sind geeignete Stühle zu wählen. Auf Frachtschiffen ist in einer Messe eine dekorativ verkleidete Filmwand vorzusehen, damit bei größeren Reisen Filmvorführungen stattfinden können.

2.5 Diensträume, Büros usw.

2.51 Kartenraum

An das Steuerhaus schließt sich der Kartenraum an. Seine Wände sind hell gestrichen oder mit Linkrusta tapeziert und schlicht verleistet; der Fußboden hat Linoleumbelag mit Läufern, und die Decke ist hell gestrichen.
Die lasierte oder mattierte Einrichtung, etwa in Eiche, besteht aus

1 großen Kartentisch mit Linoleumbelag und Schubkästen,
1 Chronometerschrank,
1 Instrumentenschrank,
Bücherregalen,
Racks für Karten und Ferngläser,
1 Kleiderschrank,
1 leder- oder kunstlederbezogenen Schlafsofa, hochgepolstert, mit Rücken- und Armlehnen,
Wandleuchten mit verstell- und schwenkbarem Arm,
Kleiderhaken.

Die Fenster erhalten Springrollos, zum Ruderhaus geht ein Durchgabefenster. Die Einrichtung des Kartenraums hat sich in erster Linie dem praktischen Zweck und den einzubauenden Geräten anzupassen. Vor Beginn der Konstruktionsarbeiten sind also alle nötigen Unterlagen zu beschaffen[1]).

2.52 Funkraum

Wände, Decke und Fußboden des Funkraumes sind sorgfältig feuersicher und schalldicht zu isolieren. Dabei ist die Tür nicht zu vergessen. Die Innenwände erhalten hellen Lackanstrich oder helle Linkrustatapete, der Fußboden Linoleumbelag.
In die Wand zum Gang ist ein Schalter einzubauen.
Die vorzugsweise in Eiche oder Rüster mattiert ausgeführte Einrichtung besteht aus:
Arbeitstischen – davon einer für versenkbare Schreibmaschine – und Tischen für Empfangs- und Sendegeräte mit Belag, Schränken und Schubkästen, der nötigen Anzahl von Drehsesseln mit Kunstlederpolster, Geräteschränken und Regalen nach Bedarf, einem hochgepolsterten Schlafsofa, einem Waschbecken mit Zubehör, 1 Schiffuhr, 1 Telefon, Deckenbeleuchtung und Tisch- oder Wandleuchten mit Schwenkarm.

---

[1]) Abbildungen siehe Schiffbau-Technik **1954**, H. 11, S. 347. Schiff und Hafen: **1956**, H. 11, S. 947.

Wie beim Kartenraum muß man sich vor Beginn der Konstruktionsarbeiten unbedingt über Anzahl, Größe und Standort der Geräte und über andere funktechnische Einbauten unterrichten[1]).

2.53 Postabfertigungsraum

Auf kleinen Schiffen erhält der Postraum einen Schalter zum Gang oder Vestibül; bei größeren Schiffen ist jedoch anzustreben, daß die Fahrgäste den Postraum betreten können. Er ist dann durch einen Abfertigungstisch in einen Dienstraum und einen Raum für das Publikum unterteilt. Auch kann eine öffentliche Telefonzelle mit guter Schallisolierung gefordert werden.

Die Wände sind hell zu lackieren oder mit Linkrusta zu tapezieren, der Fußboden erhält einen Belag. Die Türen sind mit Sicherheitsschlössern zu versehen. Aus praktischen Gründen empfiehlt sich, die Möbel in Eiche naturlackiert auszuführen. Tischplatten erhalten Möbelbelag.

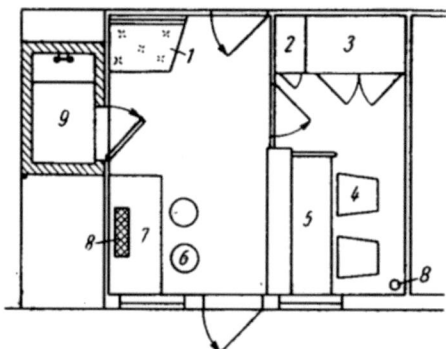

Bild 37. Postraum mit Telefonzelle (Grundriß)
1 = Sofa
2 = Schrank
3 = Tresor
4 = Stuhl
5 = Schreibtisch mit Aufsatz
6 = Hocker
7 = Schreibtisch
8 = Heizung
9 = Telefonzelle mit Schreibpult

Für den Dienstraum sind vorzusehen:
  1 Schreibtisch mit Aufsatz und eingebautem Safe,
  1 Schreibtischsessel,
  1 Arbeitstisch mit Regalen für Postsachen,
  1 Schrank mit Fächern und Sicherheitsschloß,
  1 Tresor.

Bei einem Raum für das Publikum kommen noch hinzu
  1 Schreibpult mit einem Stuhl,
  1 Bord für Vordrucke und 1 Papierkorb.

2.54 Rundfunk- und Verstärkerraum

Die Räume sind gegen die benachbarten Räume schalldicht zu isolieren. Wände werden gestrichen, Fußboden erhält Linoleumbelag. Auf gute Entlüftung im Verstärkerraum ist zu achten.

---

[1]) Abbildungen siehe Schiffbau-Technik: **1954**, H. 11, S. 346. Schiff und Hafen: **1953**, H. 7, S. 313; **1954**, H. 4, S. 226, H. 5, S. 277, H. 13—14, S. 596.

Möblierung:

  1 Sofa mit Kunstlederbezug,
  1 Armlehnstuhl,
  Regale, Tische und sonstige Einrichtungen entsprechend dem Zweck der einzubauenden Anlage.

2.55 Lotsenkammer

Die Ausführung der Raumes und der Möbel entspricht der der Offizierskabinen.
An Einrichtung ist vorzusehen

  1 Schlafsofa, hochgepolstert, mit Rücken- und Armlehnen,
  1 Kleiderschrank mit Fächern für Wäsche und Schuhe,
  1 Tisch, Platte mit Linoleum belegt,
  1 Armlehnstuhl mit Polstersitz,
  1 Waschbecken,
  Telefon.

2.56 Büroräume

Büroräume, wie die Kanzlei, das Maschinenbüro, das Büro für den Oberkoch oder die Büros für die Offiziere für Fahrgäste, werden mit den im Einzelfall notwendigen Möbeln ausgestattet. Es sind etwa vorzusehen:

  1 Schreibtisch mit Linoleumbelag und Schubladen, auf Wunsch für versenkbare Schreibmaschine eingerichtet,
  1 Schreibtischstuhl,
  Schränke, Regale usw. nach Örtlichkeit,
  Telefon,
  im Maschinenbüro ferner ein klappbares Zeichenbrett.

Die Kanzlei erhält einen eingebauten Safe, technische Büros einen Schrank für Zeichnungen.
Die Wände werden gestrichen oder mit Linkrusta tapeziert, der Fußboden erhält Linoleumbelag, und die Möbel werden in Eiche oder Rüster naturlasiert ausgeführt.

2.57 Arrestzellen

Ein Schiff erhält je nach Größe ein oder mehrere Arrestzellen, deren Stahlwände gepolstert und mit Kunstleder, Gummi o. ä. Material bezogen werden. Jede Zelle erhält ein verzinktes, eisernes Bett mit Bandstahlmatratze.
Erhalten die Zellen einen Vorraum für eine Wache, so ist dieser Raum mit einer hartgepolsterten Bank, einem Schrank und Kleiderhaken auszustatten. Neben dem Vorraum befindet sich ein WC mit Waschbecken.
Die Türen sind mit starken Sicherheitsschlössern zu versehen.

2.6 Hospital und Nebenräume

2.61 Hospital

Das Hospital kann auf Fahrgastschiffen für die Besatzung und die Fahrgäste gemeinsam benutzt werden. Seine Größe richtet sich selbstverständlich nach der Größe des Schiffes, und die Anzahl der Betten muß im Verhältnis zur Stärke der Besatzung und der Anzahl der Fahrgäste stehen.

Einzurichten sind etwa:

1. ein allgemeines Hospital mit je einem Raum für Männer und Frauen, mit einem Bad, einem Raum für Krankenwache, Wasserklosetts und einem Materialraum
2. ein Isolierhospital (1 Bett je Raum) mit einem Desinfektionsraum, einem Bad und Wasserklosetts
3. ein Raum für zahnärztliche Behandlung
4. eine Apotheke und Laboratorium
5. ein Operationsraum
6. ein Röntgenraum
7. ein Sprechzimmer

Die Wände dieser Räume und deren Einrichtungsgegenstände erhalten möglichst glatte Flächen mit hellem, meist weißem Lackanstrich. Der Fußboden wird mit Linoleum belegt.

Für eine gute Belüftung der Räume ist zu sorgen. Sie dürfen keine unmittelbare Verbindung zu anderen Wohnräumen haben, die Zugänge müssen bequem für den Transport von Kranken auf Tragbahren sein, deshalb erhalten sie zweiflüglige Türen mit mind. 1200 mm lichter Breite.

Die Hospitalbetten haben eine Länge von 2000 mm und eine Breite von 800 mm. Doppelkojen sind nicht gestattet. Die Betten müssen freien Zugang von mindestens einer Seite und einem Ende haben. Zwischen den Kojen darf der Durchgang nicht geringer als 950 mm sein. Ein bis zwei Kojen sind als Schwingkojen auszuführen.

Die Einrichtung des Hospitals besteht außer den Kojen aus Nachttischen mit Schränkchen an jeder Koje, Schrank für Krankenwäsche, Klapptisch und Stuhl oder Hocker nach Örtlichkeit, Waschbecken mit Kalt- und Warmwasseranschluß nebst allem Zubehör.

Neben den Krankenräumen befindet sich ein Raum für Krankenwache, der mit folgenden Möbeln ausgestattet ist:

1 Polstersofa mit Kunstlederbezug,
1 Tisch mit Linoleumbelag,
1 Armlehnstuhl,
1 Schrank,
1 bis 2 Medikamentenschränke,
Regale usw. nach Örtlichkeit[1]).

---

[1]) Abbildung siehe Schiff und Hafen **1954**, H. 4, S. 213.

2.62 Nebenräume für zahnärztliche Behandlung

Außer der zahntechnischen Einrichtung enthält dieser Raum

1 Schreibtisch mit Schreibtischsessel,
Wandschränke nach Örtlichkeit,
1 Waschbecken mit allem Zubehör.

Sprechzimmer:

1 Schreibtisch mit Linoleumbelag,
1 Schreibtischsessel mit Kunstlederbezug,
1 Spezialuntersuchungssofa mit Kunstlederbezug,
1 Schrank für Arzneimittel mit Sicherheitsschloß,
1 Schrank für Besteck,
1 Bücherschrank,
1···2 Stühle.

Die übrigen Räume erhalten die notwendige Spezialausstattung.
Unterlagen hierüber und über alle Forderungen müssen schon bei der Projektierung beschafft werden[1]).
Die Isolierung des Röntgenraumes durch Bleiplatten erfolgt nach den geltenden Gesundheitsbestimmungen.

2.7 Wirtschaftsräume

Muß für das leibliche Wohl der Mannschaften und Fahrgäste gesorgt werden, falls die Schiffe nicht nur für den Verkehr auf kurzen Strecken bestimmt sind, sind ausreichende Wirtschaftsräume je nach Art und Größe des Schiffes einzurichten. Während für die Versorgung einer kleinen Anzahl Personen eine entsprechend große Kombüse (Küche) ausreicht, werden für die zunehmende Anzahl der zu Verpflegenden weitere Räume wie Anrichte, Geschirrwäscherei, Gemüseputzräume und Bäckerei notwendig. Auf größeren Schiffen sind die Küchen für die verschiedenen Fahrgastklassen und die Besatzung getrennt. (Raumbedarf siehe Tabelle 1.)
Die Anforderungen an die Leistungsfähigkeit einer Schiffsküche mit ihren Nebenräumen sind infolge der sich meist ergebenden beschränkten Raumverhältnisse groß. Um einen reibungslosen Arbeitsablauf zu gewährleisten, erfordert sie eine zweckmäßige und gut durchdachte Einrichtung. Die Küchen sind nach Möglichkeit wegen ausreichender Belüftung in den Decksaufbauten unterzubringen, ferner in der Nähe der Speiseräume, um einen kurzen Transportweg für die Speisen zu haben, und nahe des Schornsteins wegen der günstigen Rauchabführung. Dagegen sollen sie nicht in der Nähe von Toiletten, Bädern, Wäscherei und Hospital liegen, auch darf die Küche kein Durchgang sein. Befinden sich die zu versorgenden Speiseräume nicht auf dem gleichen Deck wie die Küche, sind Speiseaufzüge einzubauen.

---

[1]) Abbildung siehe Schiff und Hafen 1954, H. 4, S. 213.

2.8 Sanitäre Einrichtungen

Auch in bezug auf die sanitären Einrichtungen sind größere Schiffe selbstverständlich komfortabler eingerichtet als kleine. Im folgenden sind die Verhältnisse auf einem größeren Schiff angenommen.
Separate Bäder mit Wasserklosetts, die vom Schlafraum aus zugänglich sind, erhalten der Kapitän, der leitende Ingenieur, evtl. auch der I. Offizier und die Staats- und Luxuskabinen. Für die I. Klasse und die übrigen Offiziere stehen Gemeinschaftsbäder zur Verfügung. Gemeinschaftliche Brausebäder sind in ausreichender Anzahl für die II. Klasse vorzusehen.
Die Kabinen der I. und II. Klasse und der Offiziere, soweit diese kein separates Bad haben, sind mit Waschbecken auszustatten. In den Kabinen II. Klasse werden 2···4 und in den Kabinen I. Klasse 1···2 Fahrgäste je Waschbecken gerechnet.
Die III. Klasse und die Mannschaften erhalten Gemeinschafts-Waschräume mit Duschen in der erforderlichen Anzahl.
Wasserklosetts sind getrennt für die Offiziere, die I., II. und die III. Klasse und für die Mannschaften einzurichten.
Die Lage der öffentlichen Waschräume und Toiletten soll in den Decksbereichen möglichst günstig zu den Wohnräumen gewählt werden. Oft wird es aber auch notwendig sein, Toiletten in geringer Zahl in der Nähe der Gesellschaftsräume vorzusehen. Bei der Anordnung der sanitären Räume ist gleichzeitig auf eine günstige Rohrführung zu achten, auch darf eine gute Entlüftung nicht vergessen werden. Angrenzende Wohnräume sind gegen Schall zu isolieren.
Die Stahlwände der sanitären Räume werden bis zu einer Höhe von etwa 1400 mm über dem Fußboden mit Wandkacheln im gewünschten Farbton belegt. Darüber werden die Wände und die Decke gespachtelt und weiß lackiert, als Isolierung erhalten sie häufig auch einen Korkbewurf. Der Fußboden wird mit 10 mm dicken Bodenplatten (Fliesen) in einem Belag von etwa 30 mm Leichtbeton verlegt. Speigatts sind vorzusehen.
Neuerdings sind die Wände von Toiletten, Wasch- und Duschräumen auch mit Kunststoffen (Decelith), die wesentlich leichter sind, verkleidet worden.

2.81 Bäder

Die innen weiß emaillierte Badewanne aus Grauguß wird außen matt lackiert oder in den Bädern der Luxuskabinen und des Kapitäns eingebaut und ebenso wie die Wände gekachelt. Es empfiehlt sich, die Badewannen längsschiffs aufzustellen. Eine Mischbatterie und eine bewegliche Brause haben Anschluß für Kalt- und Warmwasser, evtl. auch für Kalt- und Warmseewasser. An der Wand neben der Wanne sind eine Haltestange, etwa 400 mm lang, Seifen- und Schwammschalen, Badelakenhalter von etwa 800 mm Länge vorzusehen. Vor der Wanne liegt eine Gummimatte.
Weiter erhält das Bad ein Waschbecken, über dem sich ein Glasbord mit Schlingerschutz, ein Spiegel, eine Spiegelleuchte und Handtuchhaken befinden. An einem geeigneten Platz zum An- und Auskleiden ist ein Klappsitz an der Wand anzubringen. Vorzusehen sind ferner ein Klingelknopf, der von der Wanne aus zu erreichen ist, einige Kleiderhaken und ein Kippaschenbecher mit Zigarrenablage.
Handelt es sich um ein separates Bad, z. B. für die Luxuskabinen, sind außerdem ein Wasserklosett einzubauen und Wasserkaraffen und Wassergläser in Haltern

über dem Waschbecken, ein kleines Schränkchen für Toilettengegenstände und ein Papierrollenhalter neben dem WC anzubringen. Alle Metallteile im Bad sind verchromt.

2.82 Duschräume

Die Brausebäder mit Duschanlage, bestehend aus Zerstäuber und Warm- und Kaltwassermischer, sind durch 1800 mm hohe und 200 mm über dem Fußboden beginnende Trennwände abgeteilt. Vor den einzelnen Abteilungen sind imprägnierte Vorhänge anzubringen. Vorzusehen sind weiter: Holzgrätinge auf dem Fußboden, Spiegel mit Toilettenbord, Seifenschalen, Schwammhalter und Kleiderhaken an den Wänden. In den Vorräumen sind Klappsitze zum An- und Ausziehen anzuordnen.

2.83 Waschräume

Die Größe der Waschräume und die Anzahl der Waschbecken richtet sich selbstverständlich nach der Anzahl der Personen, mit Ausnahme derjenigen, in deren Räumen sich Waschbecken befinden, wobei man möglichst 5, höchstens aber 10 Personen je Wasserhahn rechnet. Für Besatzung und Fahrgäste sind getrennte Waschräume einzurichten.
Der Abstand der Wasserhähne soll möglichst 750, mindestens jedoch 600 mm betragen. Vorzuziehen sind Einzelwaschbecken, die in einem Abstand von 200 mm angebracht werden. Vor den Waschbecken muß ein mindestens 800 mm breiter Durchgang vorhanden sein.

Bild 38. Waschraum mit WC

Über den Waschbecken werden Ablegeborde, Spiegel, Spiegelleuchten und Handtuchhalter angebracht. Der Fußboden vor den Waschbecken wird mit einer Holzgräting versehen.

2.84 Waschbecken

Wegen der räumlichen Verhältnisse an Bord und wegen ihres Gewichts werden Waschbecken nur in Mindestgrößen verwandt; es kann mit einer mittleren Größe von 560×420 mm gerechnet werden. Andere Größen sind 635×480 mm und 510×400 mm. Die Armaturen sind verchromt. Die Höhe vom Fußboden bis Oberkante Waschbecken beträgt 800···850 mm. An der Wand hinter dem Waschbecken, gegebenenfalls auch seitlich davon ist eine ausreichend große Fläche mit einem Spritzschutz aus Wachstuch, Igelit, Decelith oder einem andern geeigneten Material abzukleiden. Die Kanten werden mit einer schmalen Deckleiste eingefaßt.

Über dem Waschbecken ist ein Glasablegebord mit Schlingerschutz in einer Höhe von etwa 1100 mm anzubringen; darüber ein etwa 400×600 mm großer Spiegel, der mit Spiegelhaltern auf einem mit Stoff belegten Rahmen befestigt wird. Ebenso können gerahmte Spiegel Verwendung finden. Zur Beleuchtung dient eine Spiegelleuchte in gewünschter Form; der Schalter ist an bequem erreichbarer Stelle anzubringen.

An den Seiten des Ablegebords werden Karaffen und Wassergläser in Haltern, darunter Handtuchhaken und Seifenschalenhalter in ausreichender Anzahl vorgesehen.

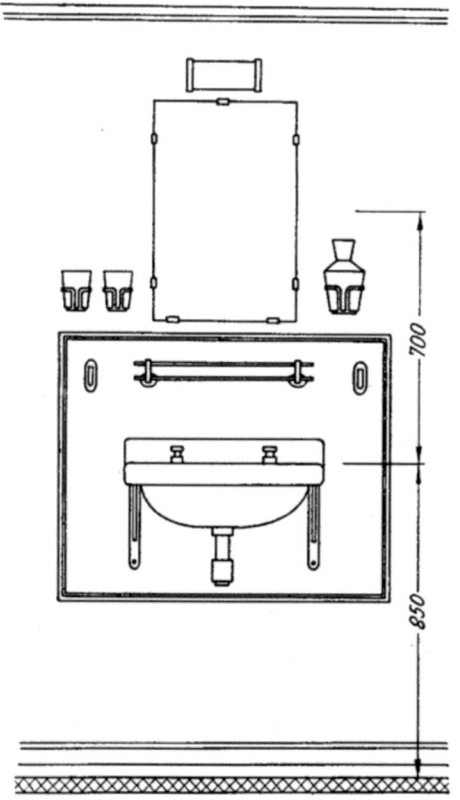

Bild 39. Waschbecken mit Zubehör

Die Waschbecken werden nach Möglichkeit in einer Nische installiert und von einem Vorhang abgeschlossen. Wo die Gefahr besteht, nahestehende Möbel zu bespritzen, ist seitlich ein etwa 1400 mm hohes Spritzschott anzuordnen, das raumseitig wie die Möblierung zu behandeln, in der Waschnische jedoch zu streichen oder mit einem Spritzschutz zu versehen ist.

Es ist darauf zu achten, daß die Wände eine genügende Befestigungsmöglichkeit, besonders für die Waschbecken, bieten. In hohlen Wänden sind an den entsprechenden Stellen Füllhölzer vorzusehen.

2.85 Toiletten

Die Toiletten sind getrennt für Männer und Frauen anzuordnen. Vorzugsweise werden Klosettbecken aus Steingut und mit klappbarem Holzsitz verwendet. In den Toiletten für Männer sind außerdem Pissoirbecken vorzusehen. Nicht zu vergessen ist ein kleines Waschbecken mit Handtuchhalter.
Die Trennwände beginnen etwa 100 mm über dem Fußboden und reichen nicht ganz bis an die Decke. Die Türen erhalten Spezialverschlüsse.
Die Kopfzahl je Becken beträgt 10···15 für Mannschaften und 50···75 für Fahrgäste je nach Größe des Schiffes. Die einzelnen WCs sind 800 mm breit und 1400···1000 mm tief, bei Reihen-WCs kommt dazu noch die Breite des Ganges von 1000 mm. Als zusätzliche Grundfläche für 1 Urinal ist 0,5 m² zu rechnen.

2.86 Schwimmbäder

Größere Fahrgastschiffe erhalten Schwimmbäder, die wegen des hohen Gewichts tunlichst im untersten Deck liegen. Kleinere Freibäder können auch auf einem oberen Deck eingebaut werden. Die Schwimmbäder werden ganz gekachelt und nach den Richtlinien für moderne Hallenbäder ausgeführt. Auf eine geschmackvolle und repräsentative Ausgestaltung, wozu ein Bad direkt verlockt, wird Wert gelegt (Mosaikbilder, Unterwasserbeleuchtung).
Neben dem Schwimmbad liegen evtl. die medizinischen Bäder, ein Ruheraum und ein Gymnastikraum[1]).

Bild 40. Schwimmbad

---

[1]) Abbildungen von Bädern und Schwimmbädern siehe Hansa **1954**, H. 21—22, S. 986, H. 46—48, S. 2037; **1955**, H. 46—48, S. 1995.

3 Werkstoffe

Bei der Beschreibung der Werkstoffe ist darauf verzichtet worden, die Eigenschaften der allgemein bekannten eingehend zu behandeln[1]). Dafür ist um so ausführlicher auf die Eigenschaften, die Bewährung und die Verarbeitung von Kunststoffen und Leichtmetall und auf deren Verwendung im Schiffbau eingegangen worden, weil sie mehr und mehr verschiedene alte Werkstoffe, unter ihnen besonders das Holz und die Buntmetalle, verdrängen werden und weil sie noch nicht immer ausreichend bekannt sind, um eine einwandfreie Arbeit mit ihnen zu gewährleisten.

3.1 Holz

Für den Schiffsinnenausbau sind nur gut getrocknete Hölzer erster Qualität zu verwenden und mit größter Sorgfalt fachgerecht zu verarbeiten.
Wichtig ist aber auch, die fertigen Holzteile und Möbel vor dem Einbau sachgemäß zu lagern und beim Einbau darauf zu achten, daß nicht wieder durch zu hohen Feuchtigkeitsgrad der Luft Feuchtigkeit vom Holz aufgenommen werden kann. Es ist häufig zu beobachten, daß beste Möbel und Bauteile infolge schlechter Lagerung und durch Einbau in ungeheizte Räume, bei offenen Fenstern und Türen und schlechtesten Witterungsverhältnissen erheblich gelitten haben, was sich oft erst später bei starker Beheizung der Räume bemerkbar macht und zu Beanstandungen und kostspieligen Reparaturen führt.

3.11 Sperrholz und Tischlerplatten

Sperrholz und Tischlerplatten werden wegen ihrer guten Eigenschaften – sie arbeiten kaum, sind in verschiedenen Dicken und großen Flächen lieferbar und lassen sich leicht und schnell verarbeiten – gern und vielseitig verwendet.
Es ist aber mit ziemlicher Sicherheit vorauszusehen, daß sie bald von der Spanplatte abgelöst werden, die aus zerspantem Holz hergestellt wird. Sie hat nicht nur die seit langem erwünschte Eigenschaft, völlig frei von Spannungen zu sein, sondern auch den großen wirtschaftlichen Vorteil, daß für ihre Herstellung alle Holzabfälle verwendet und somit wertvolles Schnittholz und Stammware eingespart werden können.
Nachdem sich mit der Absperrtechnik auch das Furnieren allgemein durchgesetzt hat, wurde die Verarbeitung von massiven Edelhölzern, die gerade im Schiffbau sehr umfangreich war, immer geringer. Seit das Holz zu einem immer knapperen und wertvolleren Werkstoff geworden ist, sind wir gezwungen, mit Edelhölzern auf das sparsamste umzugehen. Die Furniertechnik ergibt nicht nur neue, schöne Gestaltungsmöglichkeiten, sondern erlaubt auch die Verwendung edelster Hölzer ohne erhebliche Mehrkosten.

---

[1]) Vgl. hierzu besonders die Werkstoff-Kartei von Koloc, von der im Fachbuchverlag Leipzig bisher folgende Mappen erschienen sind: Aluminium und Aluminiumlegierungen (1954), Baustähle (1953), Holz (1951), Kupferlegierungen (1952), Magnesiumlegierungen (1953).

3.12 Hartfaserplatten

Diese lassen sich vielseitig verwenden. Insbesondere kommen sie als Wand- und Deckenverkleidung und furniert als Platten auf Metalltüren in komfortableren Räumen in Betracht; jedoch muß die Verarbeitung mit Vorsicht geschehen, da Hartfaserplatten leicht ausbeulen. Dieser Schaden ist nicht mehr zu beheben. Die Platten sind in jedem Falle auch auf der Rückseite mit einem Schutzanstrich zu versehen, außerdem muß ein Hohlraum mit Luftzirkulation vorhanden sein.

3.13 Holzfaserplatten — ein Baustoff der Zukunft

Die Holzfaserplatten werden aus zerfasertem Nadelholz unter Zusatz von Kunstharz in 3 Härtegraden hergestellt.

Holzfaser-Isolierplatten (Dämmplatten) lassen sich vorzugsweise für Wand- und Deckenverkleidungen in Räumen, bei denen es neben der architektonischen Wirkung auch auf Warm- oder Kühlhaltung ankommt, verwenden. Die Raumwichte dieser Isolierplatten, die in Dicken von $6 \cdots 25$ mm und in Größen bis zu $3000 \cdot 4000$ mm hergestellt werden, beträgt nur ≈ 270 kg/m³.

Holzfaser-Hartplatten, die bei hoher Temperatur und unter hohem Druck hergestellt werden, weisen eine große Härte, Zug- und Biegefestigkeit sowie eine sehr hohe Widerstandsfähigkeit gegen Abnutzung auf. Sie eignen sich (auch mit veredelter Oberfläche, z. B. als Lack- oder Dekorplatten, geprägte oder bedruckte Platten) für Türen-, Wand- und Deckenverkleidungen. Ihre Großflächigkeit und die Möglichkeit, sie auch in kleinen Radien zu biegen, bieten viele Möglichkeiten für eine wirkungsvolle Raumgestaltung. Lackplatten (mit Einbrennlacken versehene Holzfaserplatten) sind besonders geeignet für Wandverkleidungen in Toiletten, Bädern u. ä., da sie hygienisch einwandfrei und leicht sauberzuhalten sind.

Als Holzfaserplatten (extrahart) sollen sie sich wegen ihrer besonders großen Oberflächenhärte und Abnutzungsfestigkeit als Fußbodenbelag gut bewähren. In Verbindung mit Holzfaser-Isolierplatten als Unterlage ist die Verlegung mittels Klebstoffs einfach und billig.

Holzfaser-Hartplatten mit einer Raumwichte von ≈ 950 kg/m³ werden in Dicken von etwa $3 \cdots 6$ mm und in den Größen bis zu $2000 \cdot 6000$ mm hergestellt.

3.2 Metalle

3.21 Leichtmetall

In immer stärkerem Maße hat sich das Leichtmetall Eingang auch in den Schiffbau verschafft, da es kaum mehr als $1/3$ vom Gewicht des Eisens hat und nicht rostet. Aber auch der Wunsch nach vollständiger Feuersicherheit führte dazu, daß das Holz der Wände, Decken und sogar der Möbel auf vielen Schiffen mehr oder weniger vom Leichtmetall abgelöst wurde. Es gibt bereits Schiffe, bei denen außer den Aufbauten, Schornsteinen oder Schiffsausrüstungen verschiedenster Art sämtliche Außen- und Innentüren, Fensterrahmen, Treppen, Innenwände und Möbel — einschließlich der Bettgestelle —, Sofagestelle usw. aus Leichtmetall gefertigt wurden, so daß praktisch kein Holz mehr für die Inneneinrichtung verarbeitet wurde. Der Wunsch nach größerem Komfort hatte auch im Schiffbau allmählich zu einem gewissen Mehrgewicht geführt, das durch die Verwendung von Leichtmetall wieder eingespart werden konnte. In Frage kommt für den Schiffbau jedoch nur das Hydronalium, eine Gruppe von Aluminiumlegierungen mit hoher Korrosions- und Seewasserbeständigkeit. Nach neuesten Erfahrungen sind für den Schiffbau nur die Legierungen AlMg 3 und AlMg 5 zu verwenden. Die Härtegrade richten sich nach dem Verwendungszweck.

Außer allen Vorzügen des Aluminiums hat es besonders eine Eigenschaft, die bei der Verarbeitung gewissenhaft beachtet werden muß: Aluminium ist gegenüber den meisten metallischen Werkstoffen elektro-negativ. Deshalb tritt, wenn Aluminium mit Schwermetallen bei Anwesenheit von Feuchtigkeit, vor allem auch von Seewasser, in direkte Berührung kommt, eine Kontaktelementbildung auf. Eine Ausnahme hiervon machen Zink und Kadmium oder auch verzinkter oder kadmierter Stahl. Auch rostfreier und inchromierter sowie phosphatierter Stahl verhalten sich günstiger. Kupfer- und Kupferlegierungen dürfen keinesfalls mit Aluminium zusammen verarbeitet werden.

Besonders muß darauf geachtet werden, daß Leichtmetall nicht mit Litosilo in Berührung kommt. Bereits Litosilospritzer verursachen schwere Schäden[1]).

Der Gefahr einer Kontaktkorrosion muß durch eine sorgfältige und dauerhafte Isolierung begegnet werden. An den Berührungsflächen und Verbindungselementen der verschiedenen Metalle ist ein geeignetes Isolierungsmittel einzuschalten.

In einfachen Fällen, bei Verbindungen, die außerhalb der direkten Einwirkung von Seewasser liegen, genügt eine Zinkchromatgrundierung. Mennige greift Aluminium an! Eine gründliche Isolierung erreicht man durch eine Zwischenlage von Igelitfolien nach der Art der Verbindungen. Die Isolierung ist sehr gewissenhaft auszuführen, und eine scharfe Kontrolle lohnt sich, da bei nachlässiger Verarbeitung das Aluminium unter begünstigenden Umständen in kurzer Zeit völlig zerstört werden kann.

Beim Zusammentreffen von Aluminium mit Holz ist die gleiche Vorsicht zu empfehlen, da Holz bekanntlich Gerbsäure enthält. Hier dürfte jedoch eine Zwischenlackierung meist genügen.

3.211 Oberflächenbehandlung von Leichtmetall: Eloxieren, Lackieren, Furnieren

Eloxieren. Ein Verfahren zum Erzeugen einer Schutzschicht auf Aluminiumlegierungen, die gleichzeitig in verschiedenen Farbtönen dekorative Wirkung haben kann, ist unter der Bezeichnung Eloxieren (ein Wort, das eigentlich geschützt ist) bekannt. Das Verfahren beruht auf einer elektrolytischen Oxydation. Die zu eloxierenden Leichtmetallteile werden z. B. in einem Schwefelsäure-Elektrolytbad der Einwirkung elektrischen Stromes ausgesetzt. Hierbei scheidet sich auf dem zu behandelnden Teil Sauerstoff ab, wodurch das Metall, von der Oberfläche nach innen fortschreitend, in Aluminiumoxyd verwandelt wird. Durch Verwendung von Bädern aus verdünnter Chrom-, Oxal-, Salpetersäure u. dgl. lassen sich eine Reihe sehr schöner Farbtöne erzielen. Am häufigsten wird naturfarben, passend zu verchromten Beschlägen, gold- oder messingfarben eloxiert.

---

[1]) Bei Anwendung von Alu-Legierungen sind die „Richtlinien für Leichtmetall im Schiffbau" sowie das Aluminium-Taschenbuch nachzuschlagen.

Zum Eloxieren eignen sich nur Aluminiumlegierungen mit geringem Cu-Gehalt; liegt dieser über 0,05%, fällt die Oberfläche fleckig aus.

Lackieren. Ein weiterer Schutz der Leichtmetalle sind Anstriche aus geeigneten Lacken, die Leichtmetall nicht angreifen dürfen. Eingebrannte Überzüge mit glatter oder gekräuselter Oberfläche sind sehr dauerhaft. Vor der Verwendung von Mennige in irgendeiner Form muß dringend gewarnt werden, weil diese sehr stark chemisch auf Aluminium einwirkt.

Eine der wesentlichsten Voraussetzungen für ein gutes Haften und eine entsprechende Schutzwirkung eines Lackanstrichs sind eine sorgfältige Reinigung und Entfettung der zu streichenden Flächen sowie ein gut haftender, schnell trocknender Grundanstrich.

Furnieren. Der Wunsch, die Aluminiumflächen mit Edelhölzern zu furnieren, liegt nahe. Nach eingehenden Versuchen ist es angeblich gelungen, Aluminium und Furnier seewasser-, wärme- und kältebeständig miteinander zu verbinden, und zwar in so hervorragender Güte, daß es möglich ist, planfurnierte Flächen nachträglich bei ihrem Einbau bis zu Krümmungsradien von 100 mm zu biegen, ohne daß Risse im Holz auftreten. Es könnten demnach jetzt nicht nur Flächen, sondern auch Rundungen an Möbeln, Säulen usw. mit diesen furnierten Platten verkleidet werden.

Hiermit wäre auch die Frage gelöst, Leichtmetalleinrichtungen die gewohnte wohnliche Note zu geben.

Da das Furnier sehr dünn ist, dürfte es bei einem aufkommenden Brande kaum Nahrung bieten, zumal die Oberflächen zigarettensicher geschützt werden können. Sowohl die dekorativ lackierten als auch die holzfurnierten Aluminium-Verkleidungsbleche müssen auf der Rückseite einen Schutzeinbrand gegen Schwitzwasserbildung erhalten.

3.212 Aluminiumfolien

(Alfol) wurden in den letzten Jahrzehnten in ständig steigendem Maße auf allen Gebieten der Wärme- und Kältetechnik verwendet. Ihr vorzügliches Wärmeschutzvermögen beruht auf dem hohen Strahlungswiderstand von Aluminiumfolienoberflächen. Bei der Alfol-Isolierung werden die zu isolierenden Flächen mit mehreren in Abständen von etwa 10 mm verlegten Aluminiumfolien bekleidet, die gegen Wärme oder Kälte geknittert, gegen Schall aber plan verlegt werden.

Die wesentlichen Vorteile neben dem hohen Wärmedämmwert dieser Isolierungsart sind die Unbrennbarkeit und das außerordentlich geringe Gewicht. 1 m^3 fertige Alfol-Isolierung wiegt nur 3 kg.

3.213 Verbindung von Leichtmetallen: Schweißen, Nieten, Kleben

Für die Verbindung von Leichtmetallen sind im allgemeinen bisher zwei Verfahren bekannt, das Schweißen und das Nieten. Beide Verfahren haben verschiedene Nachteile, die ihre Verwendungsmöglichkeiten für den Innenausbau stark einschränken.

Schweißen. Aluminium und eine Reihe seiner Legierungen sind zwar ausgezeichnet schweißbar, (nach Möglichkeit ist nur die Argonarc-Schweißung anzuwenden); beim Schweißen treten aber Wärmespannungen auf, die das Werkstück verziehen, so daß es wieder gerichtet werden muß, und die kaum vermeidbaren Schweißraupen machen sich besonders im Innenausbau recht unangenehm bemerkbar. Bei eloxierten Teilen ist möglichst überhaupt von einer Schweißung abzusehen, da leicht eine Verfärbung der Schweißstelle eintritt. Hinzu kommt, daß besonders beim Schweißen aushärtbarer Legierungen die Korrosionsbeständigkeit der Schweißverbindung durch Gefügeänderung in der Wärmeeinflußzone unter Umständen erheblich beeinträchtigt wird.

Nieten. Wegen der ebengenannten Schwierigkeiten werden Verbindungen von Teilen aus aushärtbaren Aluminiumlegierungen vorzugsweise durch Nieten oder Schrauben hergestellt, die aber an Gegenständen der Einrichtung fast immer unschön wirken.

Das Kleben von Leichtmetall bietet neue Gestaltungsmöglichkeiten. Bis vor wenigen Jahren diente das Klebeverfahren nur untergeordneten Zwecken. Besondere Ansprüche an Festigkeit konnte man an diese Verbindungen nicht stellen, weshalb Metalle nur gelegentlich miteinander verklebt wurden. In den letzten Jahren jedoch wurde eine Reihe von hochfesten Kunststoffklebern entwickelt, die auch eine Klebeverbindung von beanspruchten Konstruktionsteilen ermöglichen. Diese Kleber schließen eine Lücke auf dem Gebiete der Leichtmetallverbindung.

Zur Verbindung von Aluminium-Werkstoffen oder Aluminium mit Textilien, Leder, Papier, Glas, Porzellan und Holz stehen heute eine ganze Reihe brauchbarer Klebstoffe zur Verfügung. Manche davon sind universell brauchbar, andere eignen sich nur für die Verbindung bestimmter Werkstoffpaare. Bei der Auswahl ist ihre Beständigkeit gegen Witterungseinflüsse, Wasser, Chemikalien usw. wichtig. Vor ihrer Verwendung läßt man sich zweckmäßigerweise vom Lieferwerk beraten.

Die Kunststoffkleber eignen sich auch zur Verbindung von Aluminium mit anderen Metallen. Infolge der hierbei gegebenen Isolation fällt bei derartigen Verbindungen die Gefahr der Kontakt-Korrosion fort.

Die Klebstoffe greifen Aluminium und andere Metalle nicht an. Die Verbindungen lassen sich anstandslos anodisch oxydieren, während Schweiß- oder Hartlötstellen meist zur Verfärbung der Oxydschichten führen und Weichlötverbindungen überhaupt versagen. Auch fällt bei Klebeverbindungen die sehr störende Erscheinung des Festigkeitsabfalles von thermisch verbundenen kaltverfestigten oder ausgehärteten Werkstoffen fort. Alle diese Vorteile lassen die mannigfaltigen Anwendungsmöglichkeiten erkennen.

Bei der Anwendung von Klebstoffverbindungen müssen besondere konstruktive Gesichtspunkte berücksichtigt werden. Der Konstrukteur, der gewohnt ist, in den üblichen Verbindungsarten zu denken, muß sich grundlegend umstellen. Der Übergang vom Schweißen oder Nieten auf die Klebverbindung hat nicht nur eine andere Ausbildung der Verbindungsstelle, sondern meist auch tiefgreifende Änderungen des ganzen konstruktiven Aufbaus zur Folge.

Die Verbindung muß so ausgebildet werden, daß die Klebfuge möglichst nur auf Schub beansprucht wird. Es können zwar auch senkrecht zur Klebfläche wirkende Druckkräfte von dem Klebstoff aufgenommen werden, jedoch sind größere Zugbeanspruchungen, besonders an freien Kanten, zu vermeiden, da diese zu einem Aufreißen längs der ganzen Klebfuge führen können.

Die günstigste Überlappungslänge liegt bei Verwendung von Kunstharzklebstoffen mit Schubfestigkeitswerten von 150···200 kg/cm² im allgemeinen bei der 15···20fachen Blechdicke. Bei den meisten Klebstoffen braucht die Metalloberfläche nicht aufgerauht zu werden, es genügt einfaches Entfetten oder leichtes Beizen vor dem Auftragen des Klebstoffes. Wie beim Leimen von Holz muß dafür gesorgt werden, daß die miteinander zu verklebenden Flächen gut aufeinander passen und bis zum Abbinden des Klebstoffes gleichmäßig und ungestört anliegen. Die Dicke der Klebschicht soll 0,1···0,2 mm betragen.

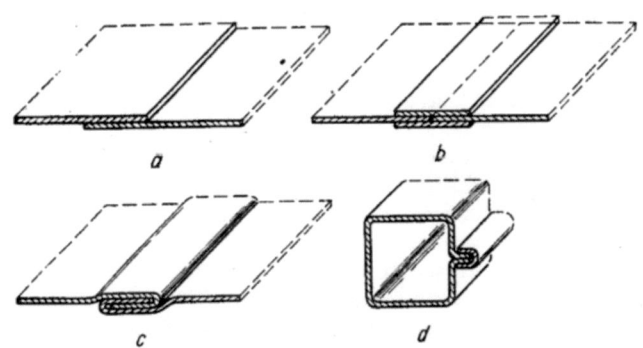

Bild 41. Klebeverbindungen für Leichtmetall
a und b Überlappung, c und d Falzverbindung

Typische Klebverbindungen sind: Überlagerungs- und Laschenverbindung, Schäftung, Falzverbindung, Nutverbindung und Rohrverbindung. Während bei den ersten drei Verbindungsarten die zu verbindenden Teile durch geeignete Spannvorrichtungen bis zum Aushärten des Klebstoffes zusammengehalten werden müssen, ist dies bei den letzteren wegen ihrer Formschlüssigkeit nicht erforderlich. Bei den Rohrverbindungen können die Rohre hierbei entweder teleskopartig ineinandergesteckt oder durch Innen- bzw. Außenmuffen oder durch Füll- bzw. Paßstücke miteinander verbunden werden.
Statt der bisher verwendeten Strangpreßprofile (die gewöhnlich durch Schweißen verbunden werden) gestattet die Klebverbindung die Entwicklung von Hohlprofilen. Diese bestehen aus Blechen, die durch Falzen und Kleben miteinander verbunden sind. Die Wanddicke solcher Profile, die bei geschweißten Werkstücken aus preß- und schweißtechnischen Gründen 2···3 mm beträgt, kann auf 0,7···1 mm herabgesetzt werden, was eine Werkstoffeinsparung von über 50% bedeutet.
Trotzdem erhöht sich die Festigkeit, Steifigkeit und Widerstandsfähigkeit gegen Verwindung beträchtlich.
Die Hohlrahmen-Bauweise bietet gerade dem Möbelbau vielseitige Anwendungsmöglichkeiten bei der Konstruktion von stabilen, dauerhaften und unbrennbaren Schränken, Tischen, Stühlen usw.[1])

---

[1]) Siehe hierzu auch Schiffbau-Technik 1955, H. 9, S. 260, „Das Kleben von Leichtmetallen" von Hermann Schwarz.

3.22 Beschläge

Beschläge, Schrauben usw. wurden früher fast ausschließlich aus Messing oder Weißbronze verwendet. Zum Einsparen von Gewicht, besonders aber von Buntmetall, ist man zur weitgehendsten Verwendung von Aluminiumlegierungen (Hydronalium) übergegangen. Nur für Außentüren werden auch weiterhin ausschließlich Messingbeschläge verwendet.

Da man einerseits Messing verchromen und andererseits Hydronalium messingfarben eloxieren kann, lassen sich beide Metalle dem Verwendungszweck entsprechend gemischt verwenden, so z. B. Messing für Türbänder und Hydronalium, messingfarben eloxiert, für Drückergarnituren oder verchromte Armaturen an den Waschbecken und Handtuch- und Kleiderhaken aus Hydronalium, naturfarben eloxiert.

Alle Beschläge, Armaturen und Zubehörteile müssen im Material und in der Ausführung den hohen Ansprüchen im Schiffbau genügen, weshalb nur Spezialausführungen zu verarbeiten sind.

Schrauben spielen im Schiffsinnenausbau eine große Rolle, da nichts genagelt, sondern alles nur geschraubt werden darf. Dies geschieht nicht nur aus dem Grunde der sicheren Befestigung, sondern auch, um alle Bauteile, falls notwendig (Reparaturen), leicht und ohne etwas zu zerstören, abnehmen zu können.

Erwähnt seien noch die Blechschrauben, das sind gewindeschneidende Schrauben, auch Parkerschrauben genannt, die für die Montage von Leichtmetallwänden oder von Holzteilen an solchen Wänden benötigt werden. Sie schneiden sich in dem etwas kleiner vorgebohrten Loch in das weichere Leichtmetall ein.

3.3 Glas

Bei der Inneneinrichtung von Schiffen finden wir Glas im wesentlichen als Spiegel, als Dickglas auf polierten Tischen, Frisiertoiletten usw., als Schalen an Wand- und Deckenleuchten und als Schiebetüren oder zur Verglasung von Schränken. Für Spiegel ist ausschließlich Spiegelglas zu verwenden, damit sie völlig zerrungsfrei sind. Glasplatten für Tische mit nicht rechteckiger Form werden nach Schablonen bestellt, die genau nach dem Möbelstück herzustellen sind. Bei Bestellung von Glasschiebetüren ist stets die genaue Dicke entsprechend den Laufnuten aufzugeben[1]).

3.4 Kunststoffe – Plaste

In wenigen Jahrzehnten haben die Kunststoffe nicht nur Eingang in viele Zweige der Industrie gefunden, sondern sich durch ihre besonderen Eigenschaften in so vielfältiger Form bewährt, daß sie nicht mehr aus unserem Leben wegzudenken sind. Während um die Jahrhundertwende die gesamte Weltherstellung an derartigen Werkstoffen bei etwa 20 000 t im Jahr lag, ist sie im Jahre 1953 auf über 2 Millionen t gestiegen und hat damit, wenn man die erzeugte Menge volumenmäßig betrachtet, diejenige aller Buntmetalle zusammengenommen übertroffen.

---

[1]) Das Thema „Glas im Schiffbau" wird ausführlich von Ing. Karl Wobisch in der Schiffbau-Technik **1954**, H. 10, S. 317, und H. 12, S. 383, behandelt.

Auch im Schiffbau haben sich die Kunststoffe sehr schnell eingeführt. Förderlich waren dabei besonders zwei Momente. Seit dem Abschluß des Londoner Schiffssicherheitsvertrages 1948, der eine Erhöhung der Sicherheit für Fahrgäste und Besatzung vorsieht, suchte man nach neuen brauchbaren, unbrennbaren oder schwer entflammbaren Baustoffen und Ausstattungsmaterialien, denn ein hoher Prozentsatz aller Schiffsunfälle ist auf Brände zurückzuführen.
Aber auch aus der Erkenntnis der Verknappung einiger bisher vorzugsweise verwandter Rohstoffe, insbesondere von Holz und Buntmetall, wurde die Suche nach neuen Werkstoffen immer intensiver. Hier eröffnen sich durch den Einsatz von Kunststoffen gerade im Schiffbau ungeahnte Möglichkeiten. Da die Kunststoffe im Vergleich zu den Werkstoffen Holz, Metall, Stein und Glas noch sehr jung sind, ist es heute oft noch schwierig, unter der schon sehr großen Anzahl von Kunststoffen für den jeweiligen Verwendungszweck gerade den richtigen herauszufinden. Hinzu kommt noch, daß die Entwicklung auf diesem Gebiet rasch aufwärts geht und immer neue und bessere Produkte auftauchen.
Einen universell verwendbaren Kunststoff gibt es bis heute noch nicht und wird es auch wohl nie geben, weil jeder Verwendungszweck andere Bedingungen an seine Eigenschaften stellt. Wie verschiedene Zwecke verschiedene Kunststoffe erfordern, so ist es umgekehrt erforderlich, auch die Verarbeitungstechnik dem jeweiligen Kunststoff weitestgehend anzupassen, weil es meist falsch ist, die herkömmliche Form oder Konstruktion eines Gegenstandes, der bisher aus Holz oder Metall hergestellt wurde, in gleicher Weise auf die Kunststoffe zu übertragen. Es wird noch viel Aufgeschlossenheit und Einfühlungsvermögen erfordern, um aus den uns oft neuen und ungewohnten Materialeigenschaften technisch und formenmäßig gute Ergebnisse zu erzielen. Neue synthetische Werkstoffe werden sich dort durchsetzen, wo sie einen technischen Fortschritt bei tragbarem geldlichem Aufwand bieten. Um das Brauchbare nicht zu diskreditieren, muß vor allem eine gründliche Erprobung unter allen nur denkbaren Bedingungen der Verwendung im großen Maßstab vorausgehen. Der Einfluß, den der Architekt oder Konstrukteur auf die Entwicklung und Verwendung neuer Werkstoffe ausüben kann, ist hierbei nicht zu unterschätzen.
Die Kunststoffe oder Plaste, wie sie heute besser genannt werden, sind chemisch abgewandelte Naturstoffe, wie Vulkanfiber, Zelluloid, Wachstuch und Linoleum, oder vollsynthetische, d. h. aus anorganischen Stoffen neu aufgebaute Kunststoffe wie Ekalit (Igelit), Ekadur (Vinidur) und Perlon.
Wir unterscheiden Duroplaste, härtbare Plaste, die bei ihrer Verarbeitung die endgültige Form erhalten, und Thermoplaste, nicht härtbare Plaste, die bei niedrigen Temperaturen fest sind, bei höheren Wärmegraden aber plastisch fließen.
Unter den Thermoplasten interessieren uns besonders die Erzeugnisse aus Polyvinylchlorid. Weich-PVC, das aus PVC unter Anwendung von Weichmachern in verschiedenen Weichheitsgraden hergestellt wird, hat dank seinen vorzüglichen mechanischen Eigenschaften für viele, schon allgemein bekannte und geschätzte Erzeugnisse Verwendung gefunden, von denen hier besonders Fußboden-, Möbel- und Wandbelag, Kunstleder und Weichprofile zu erwähnen sind.
Die Verwendung von Duroplasten für Preßmassen, aus denen durch Beimischung von anorganischen Füllstoffen verschiedene Preßplatten hergestellt werden, hat für den Schiffbau größte Bedeutung.

Eine verhältnismäßig neue Stoffgruppe sind die Polyesterharze, die zusammen mit Glasfasern die Herstellung von großflächigen Bauteilen nach technisch einfachen Fertigungsmethoden erlauben. Polyester-Erzeugnisse zeichnen sich durch sehr geringes Gewicht und große Festigkeit aus. Eine Badewanne wiegt z. B. nur etwa 9, ein Waschbecken nur etwa 1,8 kg.

3.401 Eigenschaften und Verarbeitung von Weich-PVC-Fußboden- und Möbelbelag

Weich-PCV-Bodenbelag ist gegenwärtig wegen seiner vielseitigen guten Eigenschaften der wichtigste Kunststoffbelag. Er ist außerordentlich beständig gegen Abnutzung und chemische Einflüsse, d. h., er wird weder von Wasser, alkalischen Reinigungsmitteln, Desinfektionsmitteln noch sonstigen Chemikalien angegriffen. Er besitzt eine hohe elektrische Isolierwirkung. Er ist auch im physikalischen Sinne alterungsbeständig, denn er verhärtet nicht unter dem Einfluß von Licht und Luft, ist dicht und porenfrei und verändert diese Eigenschaften auch auf die Dauer nicht. Infolgedessen läßt sich Weich-PVC-Fußbodenbelag allein durch Kehren und feuchte Reinigung erhalten. Da Wachs und andere Pflegemittel sich erübrigen, entfällt auch der oft lästige Geruch dieser Pflegemittel.
Der Belag ist aber nicht nur hochwertig, sondern man kann mit ihm auch jede gewünschte gestalterische Wirkung erzielen, da die Möglichkeit der Farbgebung unbeschränkt ist. Besonders mit Plattenbelag lassen sich in dieser Hinsicht die ausgefallensten Architektenwünsche erfüllen.
Durch die Kombination einer plastisch gemusterten PVC-Folie mit einem elastisch-dämpfenden Filz entsteht ein angenehm begehbarer *Läufer*, dessen Oberfläche unbegrenzt abwaschbar ist und dadurch gewebte Läufer an Hygiene und Sauberkeit weit übertrifft.
Die unbedingte Voraussetzung für die Verlegung von Weich-PVC-Bodenbelag ist ein fester, ebener und trockener Untergrund. Unebenheiten müssen durch Ausgleichmassen ausgeglichen werden, die jedoch genügende Wasserfestigkeit aufweisen müssen. Unebene oder abgenutzte Estriche sind plan zu schleifen. Holzplankendecks, die arbeiten können, sind mit Holzfaserplatten zu benageln, damit sich die Deckfugen nicht durch den Belag markieren.
Wie gesagt, muß auch bei Weich-PVC der Unterboden unbedingt trocken sein und bleiben. Gerade die Wasserundurchlässigkeit verhindert ein Verdunsten auch geringer Bodenfeuchtigkeit und fördert ein Hochgehen des Belags dadurch, daß bei längerer Einwirkung von Bodenfeuchtigkeit die Unterseite des Belags anquellen kann.
Da PVC-Bodenbelag bei Kälte erstarrt, muß der Raum, in dem er verlegt werden soll, möglichst Zimmertemperatur haben. Der Belag läßt sich dann leichter und ohne Gefahr des Brechens ausrollen und gleicht die Spannungen leichter aus. Bevor er fertig verlegt wird, soll er einige Tage liegen.
Im allgemeinen wird PVC-Belag geklebt. Weil jedoch auf dem Schiff mit starkem Temperaturwechsel gerechnet werden muß, sind an den Belagskleber hohe Anforderungen zu stellen. Er darf weder springhart abtrocknen noch plastisch bleiben, da sonst im ersteren Fall der Belag infolge starker Spannungen abgesprengt werden kann oder im anderen Fall eine Verlagerung erfährt. Der Kleber muß deshalb die Kräfte, die bei Ausdehnung auftreten, federnd aufnehmen können. Außerdem muß er ebenfalls wasserfest sein und darf die Beläge nicht angreifen.

Beim Verlegen von Bahnen oder Platten werden die Fugen geschweißt, wodurch es möglich ist, auch große Flächen fugenlos herzustellen.
Die *Kunststoffschweißung* ähnelt dem Verfahren der Metallschweißung. Beim Fußbodenbelag arbeitet man mit stumpfen V-Nähten, in die eine Schweißschnur aus dem gleichen Material eingebunden wird. Als Wärmequelle verwendet man dabei an Stelle des Schweißbrenners ein Heißluftgerät, dessen röhrenförmige Düse ähnlich der des Metallschweißbrenners geformt ist. Man kann die Schweißschnur auf der Oberseite oder auf der Unterseite des Belags einlegen. Bei der Verschweißung von oben bleibt die Schweißnaht sichtbar, was bei Verwendung von Schweißschnur in abstechender Farbe gestalterisch ausgenutzt werden kann. Den geklebten Belag zusätzlich von oben zu schweißen ist die sicherste Verlegungsart auch für höchste Wasserbeanspruchung.
Die Verschweißung ist auch das vorteilhafteste Verfahren zur festen und dichten Verbindung von Böden oder Tischbelägen mit Profilen wie Treppenkanten, Sockeln usw. aus dem gleichen Material. Bauprofile können durch Warmformung allen Krümmungen des Baues dicht angepaßt werden. Durchlaufende Handläufe werden auf passenden Flacheisen nach Erweichen durch vorhergehendes Erwärmen in ultrarotgeheizten Durchlaufgeräten verlegt.

3.402 Kunststoff-Spachtelbelag

Kunststoff-Spachtelbeläge haben den wesentlichen Vorteil der Fugenlosigkeit. Der Spachtel wird aus einer milchigen, wäßrigen Kunstharzaufschwemmung, einer Polyvinyl-Azetat-Dispersion, mit etwa 200% Füllstoffen und Pigmenten angerührt. Er wird in mehreren Schichten aufgetragen; dabei muß jede Schicht abtrocknen, bevor die folgende aufgebracht werden kann. Die unteren Schichten werden stärker gefüllt, die Deckschicht wird weicher, mit höherem Kunstharzgehalt angesetzt.
Ein großer Nachteil ist jedoch die Dauer der Verlegung, denn das aufeinanderfolgende Aufbringen und Abtrocknen der einzelnen Schichten dauert etwa 5···7 Tage, und während dieser Zeit darf der Raum, in dem der Spachtelbelag verlegt wird, nicht betreten werden. Aus diesem Grunde ist es fraglich, ob der Spachtelbelag im Schiffbau weite Verbreitung finden wird[1]).

3.403 Wände und Möbel aus Kunststoff

Seit Abschluß des Londoner Schiffssicherheitsvertrages von 1948 werden auch für die Verarbeitung der Gang- und Trennwände und sogar der Möbel unbrennbare Materialien in immer stärkerem Maße angestrebt. Neben der immer umfangreicheren Verwendung von Leichtmetall versucht man auch, die Kunststoffe für diese Zwecke nutzbar zu machen. Mit großer Energie ist man bemüht, Kunststoffe zu entwickeln, die dieser Forderung entsprechen. Das wird aber dadurch erschwert, daß noch andere Eigenschaften wie Festigkeit und möglichst geringes Gewicht – von dem Preis ganz zu schweigen – von dem Werkstoff gefordert werden. Vielleicht findet man durch Kombination verschiedener Baustoffe, bei denen einer für die notwendige Festigkeit, ein anderer für die Wärmeisolierung

---

[1]) Siehe auch Hansa **1954**, H. 9–10, S. 409, „Kunststoff-Fußbodenbeläge". Schiff und Hafen **1956**, H. 2, S. 140 „Kunststoffe im Schiffahrtswesen".

sorgt, Konstruktionen, die genügend leicht und billig sind und den Anforderungen genügen. In allen Fällen darf man jedoch den neuen Werkstoff oder die Konstruktionen nicht leichtfertig ohne gründliche Prüfung nach jeder Richtung hin in einem großen Umfang anwenden.
Hier seien besonders die Glasfaserplatten erwähnt, deren Eigenschaften vielversprechend sind. Dies sind kresolharz- oder melaninharzgebundene Preßplatten mit anorganischen Füllstoffen, in diesem Falle Glasfasergewebe.

3.404 Wandbelag

Wandbelag auf PVC-Basis hat sich sehr bewährt. Die sehr widerstandsfähige und abwaschbare, etwa 1,0···1,5 mm dicke Folie ist auf einem kräftigen Gewebe aufgetragen. Der in verschiedenen Farben und Narbungen (Mustern) hergestellte Belag eignet sich nicht nur für einfache Räume, sondern bietet, richtig gewählt und angewandt, manche Möglichkeiten für die Raumgestaltung. Bei Verwendung entsprechender Klebemittel lassen sich Metall-, Holz- und Kunststoffwände damit belegen. Die Rollen haben eine Breite von 112···130 cm.
(Für diesen PVC-Belag hat sich wegen der äußeren Ähnlichkeit fälschlicherweise der Name Linkrusta – ein Warenname für eine abwaschbare Tapete auf Leinölbasis – eingebürgert.)
Vielseitige Möglichkeiten der Wandgestaltung bieten auch die Plastic-Folien. Dies sind dünne PVC-Folien, die in zahlreichen schönen Farben und Prägungen ohne Geweberücken hergestellt werden. Sie sind ebenfalls dauerhaft, abwaschbar und lichtbeständig. Die Wandbespannung kann glatt, gefältelt oder gepolstert sein. Besonders gut wirken Seiden-, Leinen- und Damastprägungen.
Man kann die Plastic-Folien mit der Hand und mit der Maschine nähen; man kann sie außerdem kleben und auch schweißen. Zum Verkleben ist ein geeigneter Kleber erforderlich. Die zu beklebende Fläche muß völlig eben sein, und der Kleber darf keine Knoten bilden, da sich bei den dünnen Folien die geringste Unebenheit abzeichnet.
Weit bessere Effekte lassen sich aber durch Kräuseln und besonders durch Polstern (genäht oder genagelt) erzielen. Als Polstermaterial dient Glaswolle. Dem Raumgestalter öffnen sich hier ganz neue Wege, und seiner Phantasie sind kaum Grenzen gesetzt.

3.405 PVC-Polsterstoffe

Diese haben sich seit Jahren auf Grund ihrer vorzüglichen Eigenschaften bewährt. Sie sind fast unverwüstlich, abwaschbar, geruchlos, widerstandsfähig gegen Öl, Benzin und Alkalien, schwer entflammbar und tropenfest. Sie bedürfen keiner besonderen Pflege, der Staub wird einfach mit einem Lappen entfernt. Will man mehr tun, so bedient man sich einer leichten Seifenlauge. Eine etwaige Behandlung mit Wachs oder Lederpflegemitteln wäre völlig unzweckmäßig. Da diese Mittel nicht eindringen können, würde sich nur eine Fettschicht ergeben, auf der Staub und Schmutz haften. Wegen ihrer leichten und einwandfreien Sauberhaltung sind PVC-Polster hygienisch. Ihre Wetterfestigkeit macht sie auch für Sitzmöbel auf den Freidecks geeignet.
Der auf einem Gewebe aufliegenden PVC-Folie kann man durch Prägung der Oberfläche den verschiedenartigsten Charakter verleihen. Man hat die Wahl zwischen

Gewebemustern und lederähnlichen Narben vieler Farbtöne. PVC-Polsterstoff ist nur bei Wärme zu verarbeiten, weil dann das Material weich und geschmeidig ist. Um einen dauerhaften glatten Sitz zu erhalten, ist eine einwandfreie Grundpolsterung unbedingt notwendig. Feste Faconkanten, Roßhaarpikierung und möglichst Weißpolster bieten die beste Garantie.

3.406 Textilien aus Kunststoffen

Da die auf Zellulosebasis hergestellten Zellwollen und Kunstseiden schon so allgemein bekannt und auch für den Schiffbau wegen ihrer leichten Brennbarkeit nicht von besonderem Interesse sind, lenken wir unsern Blick auf das Gebiet der vollsynthetischen Fasern, deren Eigenschaften sie besonders für den Schiffbau geeignet machen.

3.4061 PeCe-Fasern

Gewebe aus diesen Fasern sind vollkommen unempfindlich gegen Wasser, unentflammbar und deshalb nicht feuergefährlich, licht- und wetterbeständig, fäulnis- und insektenfest. Außerdem sind sie außerordentlich beständig gegen Säuren, Laugen und sonstige aggressiven Chemikalien. Ein Nachteil ist allerdings ihre Wärmeempfindlichkeit, so daß nur eine Wäsche bis zu 60°C in Frage kommt und eine Behandlung mit dem Bügeleisen ausschaltet.
Aus PeCe-Fasern lassen sich z. B. Matratzenbezüge, Bezüge für Polstermöbel, Schutzbezüge für Rettungsringe, Sonnensegel, Tischdecken und Gardinen herstellen.

3.4062 Perlonfaser und -seide

Perlon weist als Polyamid eine Reihe von chemischen und physikalischen Eigenschaften auf, die es zu einer begehrten Textilfaser haben werden lassen. Seine Festigkeit übertrifft die von Wolle, Baumwolle und Zellwolle bei weitem. Es ist beständig gegen die meisten organischen Lösungsmittel und Laugen, nicht aber gegen Säuren und weiter absolut bakterienfest, mottensicher und fäulnisbeständig. Perlonfaser schmilzt bei Berührung mit offener Flamme (210···215°C), bevor sie entflammt, ist also schwer brennbar. Von 170°C ab wird Perlon plastisch, weshalb beim Bügeln gewisse Vorsicht – Verwendung von Dampfbügeleisen oder feuchtem Tuch – notwendig ist. Textilien aus Perlonseide können mit den handelsüblichen Waschmitteln gewaschen werden, jedoch sind hohe Temperaturen (etwa 100°C) nicht erforderlich, da der Schmutz im Gegensatz zu den organischen Fasern nur leicht am Faden haftet. Da Perlonfaser nur etwa $1/3$ der Feuchtigkeitsmenge von Wolle, Zellwolle oder Kunstseide aufnimmt, trocknet sie natürlich auch wesentlich schneller als diese. Perlon läßt sich in den mannigfaltigsten Farbtönen bis zu höchster Farbechtheit einfärben.
Die vielseitige Verwendung von Perlon ist schon allgemein bekannt, so daß hier nur der Perlonteppich wegen seiner großen Haltbarkeit besonders erwähnt sei. Der rutschfeste Rücken macht den Teppich vollkommen gleitsicher. Das Zuschneiden kann in jeder beliebigen Form erfolgen, ohne daß ein Einfassen oder Umketteln nötig ist. Auch der Rücken kann für Schiffe in einem schwer entflammbaren Material geliefert werden. Perlonteppiche sind leicht mit Bürste und Staubsauger, aber auch mit Wasser und Seife zu reinigen.

3.407 Kunstschaumstoffe

Für Kunstschaumstoffe verschiedenster Art lassen sich auch im Schiffbau und der Schiffsausrüstung viele Verwendungsmöglichkeiten vorsehen. Als Polstermaterial wird elastischer Kunststoff verarbeitet, der gegenüber allen anderen gebräuchlichen Materialien den bedeutenden Vorteil hat, schwer brennbar zu sein, d. h., er brennt nicht in eigener Flamme. Da die Wichte etwa bei 0,06 liegt, sind die Polster federleicht. Weitere Vorteile sind: Die Polster können weder verrotten, schimmeln, muffig werden noch altern; sie vertragen Sonnenbestrahlung und Wärme bis 60°C und sind unempfindlich gegen Angriff von Wasser, Benzin, und verdünnten Desinfektionsmitteln.

Das atmende, hygroskopische und hervorragend wärmeisolierende Material hat sich besonders für Kissen und Auflagen für Deckstühle bewährt. Die Schaumstoffmatratze vereinigt die Vorteile von Schaumgummi und Roßhaar ohne deren Nachteil, den Gummigeruch und das Schwimmen zu zeigen.

3.408 Organisches Glas (Plexiglas)

Zu den thermoplastischen Kunststoffen gehören auch die organischen Gläser aus der Familie der Akrylharze – insbesondere das Polymethyl-Methakrylat –, die unter dem Namen Plexiglas (ein der Fa. Röhm & Haas, Darmstadt, geschützter Warenname) am geläufigsten sind.

Organisches Glas wird farblos, weiß und farbig, durchscheinend, fluoreszierend und gedeckt in Form von Tafeln, Blöcken, Röhren, Stäben und gewellten Tafeln hergestellt. Die Oberflächen der Tafeln von etwa 0,7 bis 8 mm Dicke sind poliert. Ein Teil der Sorten ist mit verschiedenen Oberflächenmustern lieferbar: gerippt, Kleinpyramide, Perl und Ornament.

Die wichtigsten Eigenschaften sind:

1. Hohe Lichtdurchlässigkeit, die bei farblosem organischen Glas bis zu 92% beträgt.
2. Es ist unempfindlich gegen schroffen Temperaturwechsel, selbst bei plötzlichem Abschrecken bei Temperaturschwankungen von $-50° \cdots +70°C$.
3. Gute allgemeine Haltbarkeit und chemische Beständigkeit. Es ist auch unter extremen klimatischen Bedingungen alterungsbeständig, d. h. es versprödet und vergilbt nicht.
Plexiglas ist wesentlich leichter als Bauglas; seine Wichte beträgt 1,19.
4. Fast wie Holz zu bearbeiten. Es kann mit der Band- und Kreissäge geschnitten werden und läßt sich mit üblichen Spiralbohrern bohren, jedoch nicht nageln. Wasserfeste Klebungen sind möglich.
5. Es läßt sich warm formen und bietet damit große Möglichkeiten der Gestaltung; bei etwa 150°C läßt es sich wie Weichgummi biegen, tiefziehen usw.
6. Organisches Glas hat Sicherheitsglas-Eigenschaften, Scheibenbrüche sind auch bei großer Schlag- und Stoßbeanspruchung selten. Bei etwa 400°C entzündet es sich und brennt dann wie Holz.

Die Verwendungsmöglichkeiten von Plexiglas sind so vielseitig, und es kommen immer neue hinzu, so daß eine Aufzählung kaum vollständig sein würde. Bei der Verwendung von Leuchtstoffröhren, die nur eine geringe Wärmeentwicklung haben, bietet es viele Möglichkeiten auch in der Lichttechnik. Außer für Leuchtkörper läßt sich durchscheinendes Glas wirkungsvoll zu Leuchtdecken verarbeiten, wofür sich verschiedene Ausführungsformen wie Tafeldecken, Well- und Rasterflächen bieten.

3.409 Schichtpreßplatten

Unter „Resopal" (ein der Fa. H. Römmler GmbH. geschützter Warenname) ist seit Jahren ein Kunstwerkstoff sehr bekannt, der aus kunstharzgetränkter Edelzellulose geschichtet und unter hohem Druck und großer Hitze zu Tafeln gepreßt wird[1]). Durch den hohen Druck entsteht eine durch und durch gehärtete, völlig homogene Platte, deren Oberfläche chemischen und mechanischen Beanspruchungen weitgehend standhält. Da die Faserstruktur durch das Preßverfahren erhalten bleibt, behält die Resopal-Platte eine Elastizität, die von nicht geschichteten Platten gleicher Härte kaum erreicht wird.
Die Oberfläche ist poren- und rißfrei und damit unempfindlich gegen Feuchtigkeit (abwaschbar), wetterfest und widerstandsfähig gegen die meisten Chemikalien, besonders gegen Desinfektionsmittel und Alkohol. Da die Oberfläche überdies geruch- und geschmackfrei ist, entspricht sie in hygienischer Hinsicht allen Anforderungen. Schichtpreßplatten ertragen die übliche Wärme von Schüsseln und Kannen ohne Beeinträchtigung. Eine besondere Ausführung ist auch gegen Zigarettenglut unempfindlich. Die Platten sind feuerhemmend, weshalb sie für den Schiffbau besonders gut geeignet sind.
Wegen der Möglichkeit, die farblose Edelzellulose oder das Harz beliebig zu färben, kann theoretisch jede Farbtönung hergestellt werden. Außerdem läßt sich nach bestimmten Verfahren die Edelzellulose bedrucken oder ihre Fasern rhythmisch ordnen, so daß Muster oder Strukturen hergestellt werden können, die den Platten Leben und Wärme verleihen. Eine Oberflächenbehandlung wie Spachteln, Lackieren, Schleifen und Polieren entfällt.
Man kann die Schichtpreßplatten mit normalen vorhandenen Werkzeugen sägen, schneiden, fräsen und bohren. Als 1,3···1,5 mm dicke Furnierplatten für Möbel usw. lassen sie sich mit den üblichen Leimen verarbeiten.
Die Verwendungsmöglichkeit im Schiffbau ist vielseitig, man wird sie besonders dort verwenden, wo auf hohe Widerstandsfähigkeit der Oberflächen Wert gelegt wird.

3.410 Weitere Kunststofferzeugnisse

PVC-weich-Folien

Eine große Auswahl an Folien (transparent, farbig, bedruckt und „plastic") stehen für Vorhänge, Tischdecken sowie Wand- und Möbelbespannung zur Verfügung. PVC-Folien werden außerdem als geeigneter Korrosionsschutz zwischen Leichtmetallkonstruktionen und andern Metallen verwandt.

PVC-hart in Tafelform (Vinidur, Ekadur) wird für Lüftungskanäle verarbeitet. Andere Erzeugnisse wie Decelith eignen sich sehr gut für Wandbekleidungen in

---

[1]) Ein ähnliches Material ist das von dem VEB Preßstoffwerk Spremberg „Dr. Erani", Spremberg, hergestellte „Melacart".

sanitären Räumen oder als Spritzschutz hinter Waschbecken. Es ist hart und sehr widerstandsfähig. Kunststoffplatten verschiedener Art haben sich als willkommener Ersatz für die meist zu schweren Wandkacheln eingeführt. Vorhang- und Gardinenschienen aus Kunststoff sind solchen aus Metall vorzuziehen, weil sie weniger Laufgeräusch erzeugen und korrosionsfest sind.

Kunstschaumstoff (z. B. Piatherm) dient als Isoliermittel. Er hat das geringe Gewicht von nur etwa 14 kg/m³ [1]).

4 Die Raumhülle

Schon bei der Konstruktion der Einrichtung interessiert die werftseitig vorgesehene Ausführung der Wände, da sie sehr unterschiedlich sein kann.
Erst wenn diese und die sich daraus ergebenden Wanddicken bekannt sind, läßt sich die Raumgröße bestimmen. Die genauen Maße sind besonders für die Ausbildung der Decke und für die Größe der zwischengebauten Möbel wichtig. Auch

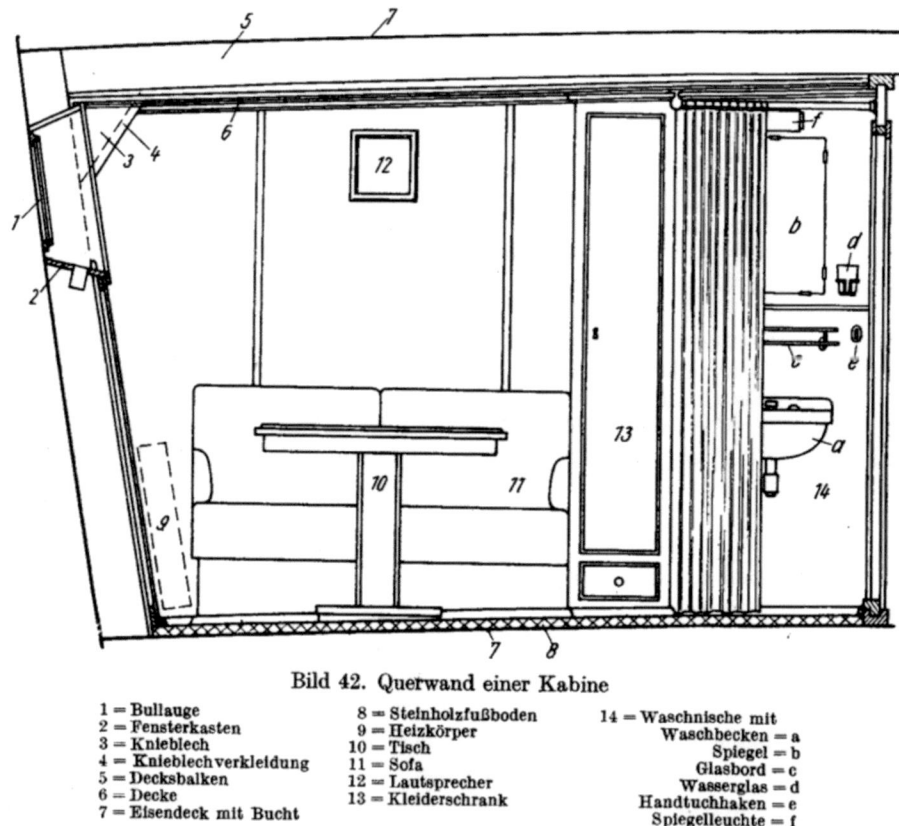

Bild 42. Querwand einer Kabine

1 = Bullauge
2 = Fensterkasten
3 = Knieblech
4 = Knieblechverkleidung
5 = Decksbalken
6 = Decke
7 = Eisendeck mit Bucht
8 = Steinholzfußboden
9 = Heizkörper
10 = Tisch
11 = Sofa
12 = Lautsprecher
13 = Kleiderschrank
14 = Waschnische mit
Waschbecken = a
Spiegel = b
Glasbord = c
Wasserglas = d
Handtuchhaken = e
Spiegelleuchte = f

---

[1]) Kunststoffplatten im Schiffbau siehe Hansa 1957, H. 7–8, S. 368.

muß man sich in jedem Fall von vornherein darüber klar werden, wie evtl. die Täfelung angebracht und die Möbel, Kojen, Waschbecken usw. befestigt werden können.
Sonderwünsche und notwendige Änderungen sind gegebenenfalls rechtzeitig mit der Werft zu besprechen.

4.1 Außenwände

Im Schiffskörper bestehen die Außenwände aus der Außenhaut, den Spanten und der Wegerung. Die Spanten können entsprechend der Größe des Schiffes eine be-

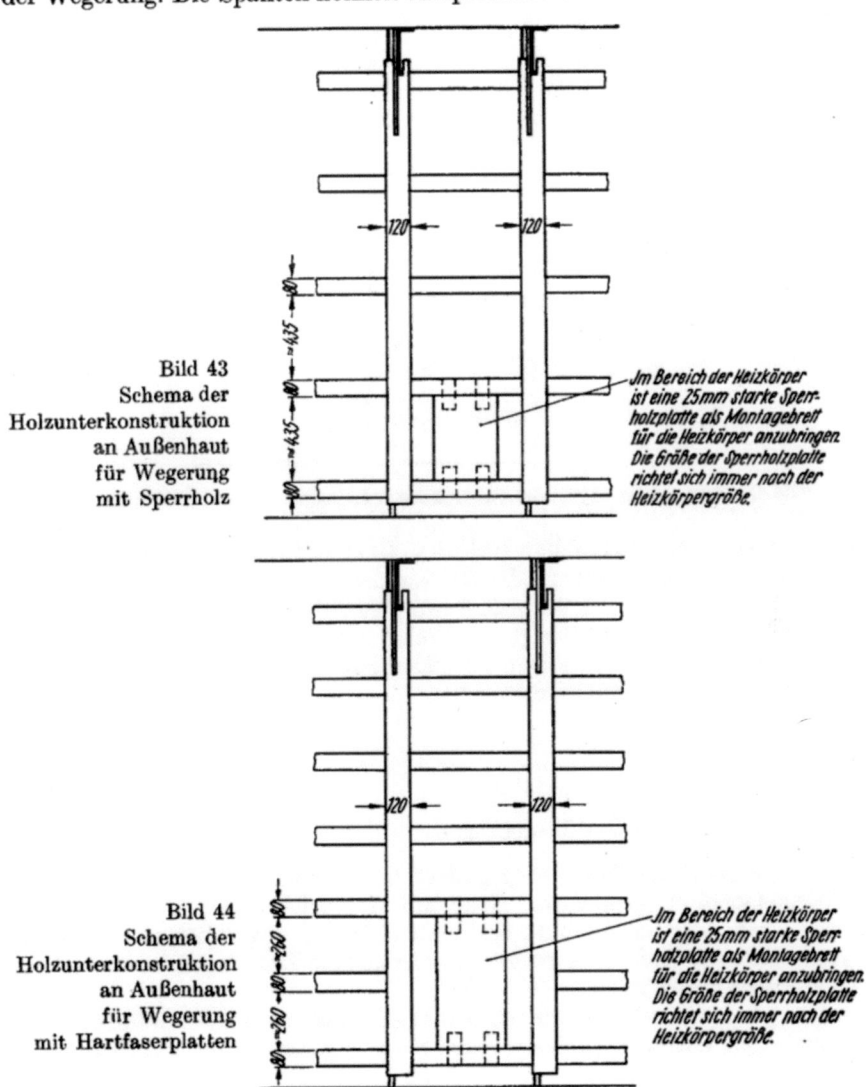

Bild 43
Schema der
Holzunterkonstruktion
an Außenhaut
für Wegerung
mit Sperrholz

Bild 44
Schema der
Holzunterkonstruktion
an Außenhaut
für Wegerung
mit Hartfaserplatten

trächtliche Höhe (250 mm und mehr) haben, so daß die Außenwand sehr dick wird. In den Räumen zwischen der Außenhaut und der Wegerung ist genügend Platz für die verschiedenen Isolierungsarten.
Die Wegerung ist die innere Verschalung der Stahlwände, die auf einer dem Material entsprechenden Unterkonstruktion angebracht wird. Die Bilder 43···45 stellen verschiedene Ausführungen dar.

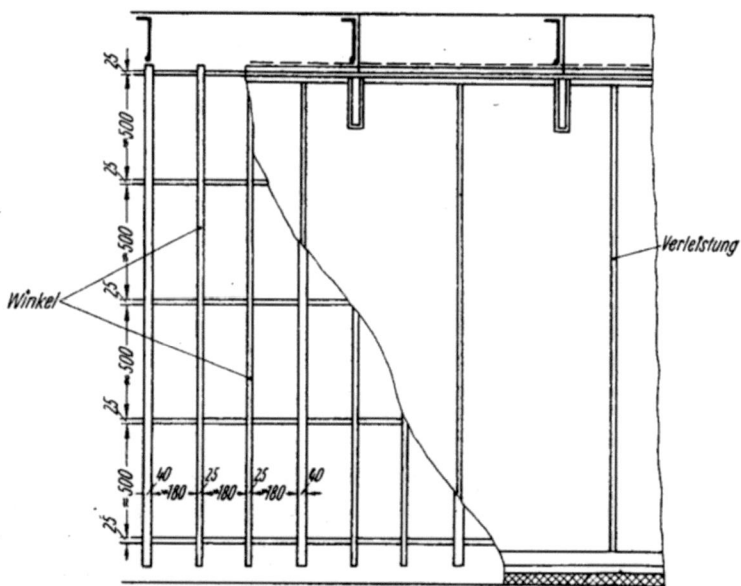

Bild 45. Schema der Hydronalium-Unterkonstruktion an einer Stahlwand

Die Knieblechc werden ebenfalls verkleidet. Über Rohrleitungen und unter den Fenstern sind leicht abnehmbare Platten vorzusehen.
In den Aufbauten haben wir mit geringeren Wanddicken (80···120 mm) zu rechnen. Die Wegerung wird auf die gleiche Weise wie im Schiffskörper ausgeführt. Um die Feuersicherheit zu erhöhen, ist man bestebt, den Werkstoff Holz durch Leichtmetall oder Kunststoffe zu ersetzen.

4.2 Innenwände

4.21 Stahlwände und ihre Wegerung

Stahlwände werden zur Versteifung gesickt oder erhalten mindestens auf einer Seite Winkelversteifungen, deren Höhe mit den Dicken der Isolierungen als Wärme-, Feuer- oder Schallschutz bestimmend für die Wanddicken ist. Hiermit muß man stets von Anfang an rechnen; ohne genaue Unterlagen ist keine Konstruktionsarbeit zu beginnen.
Täfelungen werden an glatten oder gesickten, nicht isolierten Stahlwänden derart angebracht, daß Latten nach Bedarf mit Hilfe angeschweißter Stahllaschen an

der Wand befestigt werden; auf diese Latten werden die Sperrholzplatten geschraubt.
Nicht isolierte Stahlwände mit Winkelversteifungen werden wie die Außenwände gewegert.
Isolierte Stahlwände beanspruchen vielfach eine besondere Konstruktion zur Befestigung des Isoliermaterials, das durch dünnes Blech abgedeckt wird. Hieran

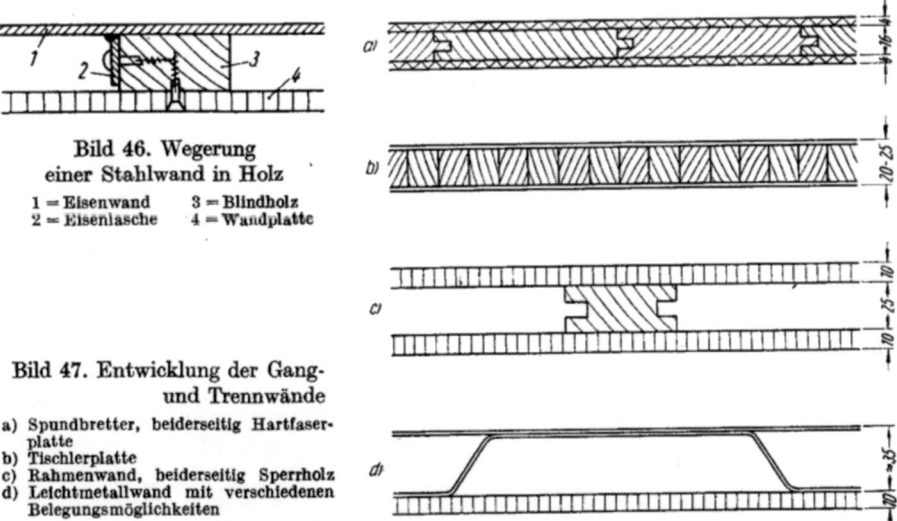

Bild 46. Wegerung einer Stahlwand in Holz
1 = Eisenwand 3 = Blindholz
2 = Eisenlasche 4 = Wandplatte

Bild 47. Entwicklung der Gang- und Trennwände
a) Spundbretter, beiderseitig Hartfaserplatte
b) Tischlerplatte
c) Rahmenwand, beiderseitig Sperrholz
d) Leichtmetallwand mit verschiedenen Belegungsmöglichkeiten

kann die hölzerne Wandverkleidung nicht direkt befestigt werden. Für die Blindlatten, an die die Wandplatten geschraubt werden und durch die alle Unebenheiten in der isolierten Wand ausgeglichen werden sollen, müssen vor dem Isolieren die nötigen Befestigungsmöglichkeiten vorgesehen werden.

4.22 Hölzerne Innenwände

Sie werden mit Hilfe von Süllen errichtet, die auf dem Fußboden und am oberen Deck oder an den Decksbalken zu befestigen sind. Erhält das Stahldeck Steinholzbelag, so können die Sülle v o r dem Verlegen des Steinholzes an Laschen aus Stahl, die in entsprechenden Abständen anzuschweißen sind, geschraubt werden. Sollen die Sülle a u f dem Steinholz verlegt werden, sind vor dem Einbringen des Steinholzes Schraubbolzen an das Deck zu schweißen, mit denen die Sülle auf einer Lage Isolierpappe fest mit dem Stahldeck verschraubt werden.
Wände einfacher Räume und Blindwände aus gespundeten Brettern sind praktisch durch die verschiedenen Konstruktionen der Wände aus Sperrholz oder Tischlerplatten verdrängt worden.
Für einfache, nicht schallisolierte Wände, z. B. Gangwände, werden etwa 25 mm dicke Tischlerplatten verwendet. Diese fast fugenlose Wände können gespachtelt und gestrichen oder tapeziert werden. Sie sind so stabil, daß sämtliche Einrichtungsgegenstände ohne weiteres daran befestigt werden können. Ebenso läßt sich polierte Täfelung in jeder Weise anbringen.

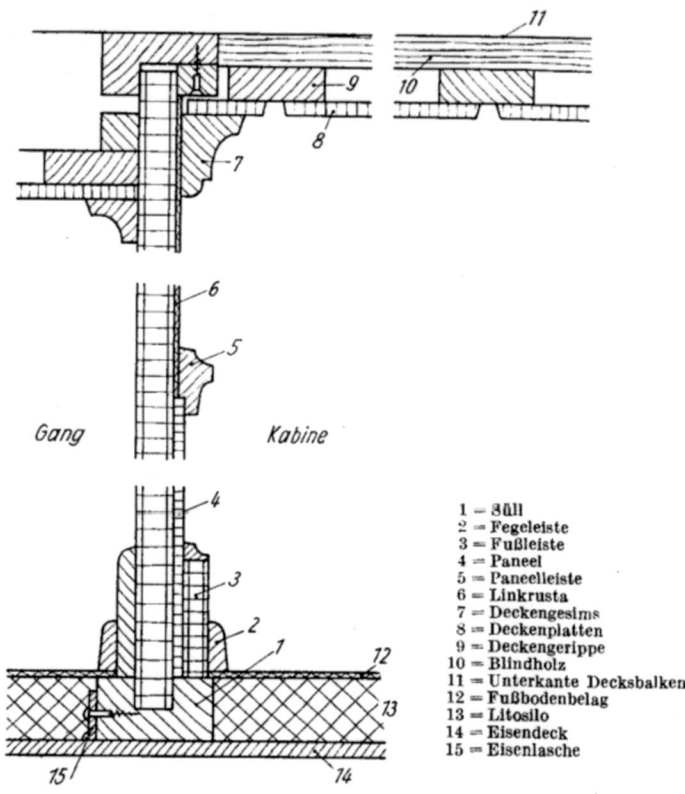

Bild 48. Gangwand aus 25 mm starken Tischlerplatten und Deckenanschluß

1 = Süll
2 = Fegeleiste
3 = Fußleiste
4 = Paneel
5 = Paneelleiste
6 = Linkrusta
7 = Deckengesims
8 = Deckenplatten
9 = Deckengerippe
10 = Blindholz
11 = Unterkante Decksbalken
12 = Fußbodenbelag
13 = Litosilo
14 = Eisendeck
15 = Eisenlasche

Bild 49. Wand mit Paneel

1 = Deckengesims
2 = Paneelleiste
3 = Paneel
4 = Fußleiste
5 = Fegeleiste

Hohlwände, die schallisoliert werden können, lassen sich auf zweierlei Weise ausführen:
1. In der Art eines Fachwerks wird ein Lattengerippe aus etwa 60 · 40 mm dicken Hölzern errichtet, an das beiderseits 8···10 mm dicke Sperrplatten geschraubt werden. Diese Platten können gestrichen oder tapeziert werden oder in besseren Räumen auch furniert und poliert sein. Die Plattenstöße der polierten Täfelung sind mit profilierten Leisten zu verdecken. Dies kann nicht wahllos geschehen; um eine gewünschte architektonische Wirkung zu erzielen, müssen in diesem Falle die Plattengrößen und die genaue Lage der Stöße im Entwurf festgelegt werden.

Nur in besonderen Fällen lassen sich polierte Platten, wenn es die beabsichtigte Gestaltung verlangt, ohne Verleistung anbringen. Das hat dann aber sorgfältig und in besonderer Ausführung zu erfolgen, besonders wenn keine Schraube sichtbar sein soll.

Hinter angebauten Sofas, Schränken mit Rückwänden und in ähnlichen Fällen sind die Wandflächen mit rohen Sperrplatten zu verkleiden. Bei Schränken ohne Rückwand sind die Platten wie das Innere dieser Möbel zu behandeln.

In den Hohlräumen der Wände lassen sich nicht nur die verschiedenen Isolierstoffe, sondern auch Kabel (unter Umständen auch dünne Rohre) unterbringen. Hierzu sind genaue Angaben, wo Wand- und Kojenleuchten, Schalter und Steckdosen o. ä. vorgesehen sind, wegen der Austritte und Führung der Kabel notwendig.

Um Waschbecken, gegebenenfalls auch Kojen und andere Einrichtungsgegenstände haltbar anbringen zu können, sind in den Hohlwänden an den in Frage kommenden Stellen Füllhölzer vorzusehen.

2. Eine weitere Möglichkeit ist, die Hohlwände als fertige Bauteile, die untereinander durch Nut und Feder oder andere Konstruktionen ver-

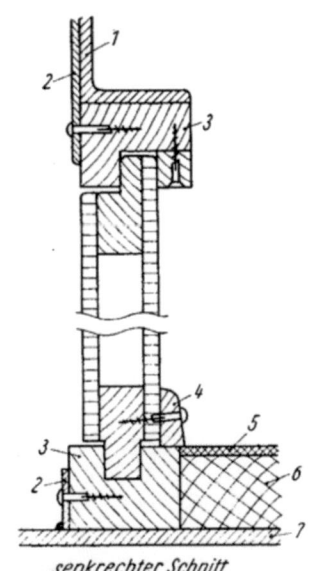

Bild 50. Trennwand, hohl, aus fertigen Platten

1 = Decksbalken
2 = Lasche
3 = Süll
4 = Fegeleiste
5 = Fußbodenbelag
6 = Litosilo
7 = Eisendeck

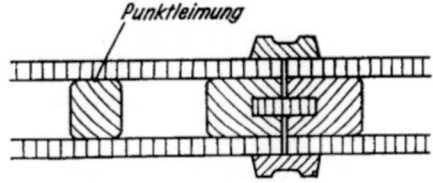

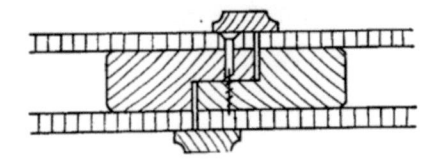

Bild 51. Stoßfugen fertiger Wandplatten

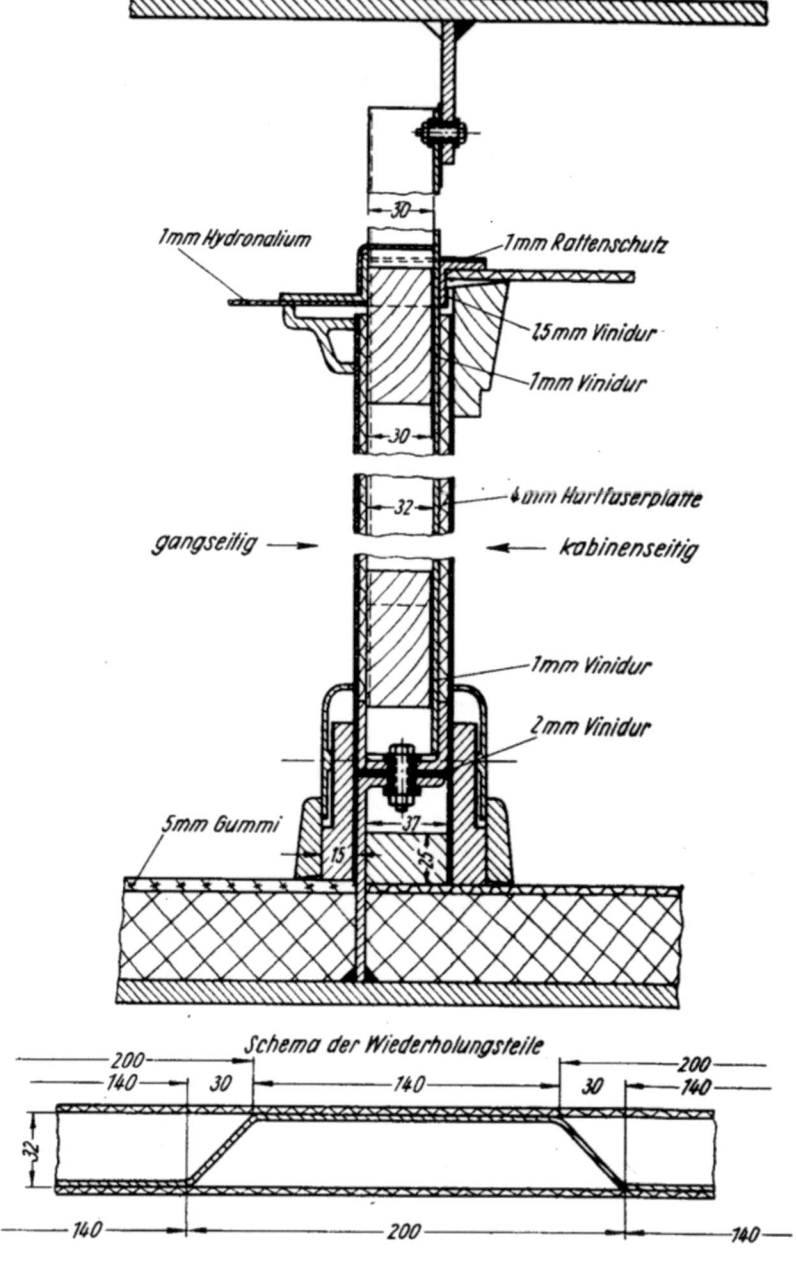

Bild 52
Senkrechter Schnitt durch Hydronaliumwand

bunden werden, werkstattmäßig herzustellen. Die Konstruktion solcher Wände, insbesondere die Vermaßung, muß äußerst genau erfolgen, damit die Montage ohne Nacharbeiten vor sich gehen kann. Im übrigen gilt hier alles bei der ersten Ausführungsart gesagte.

4.23 Leichtmetallwände

In immer stärkerem Maße werden die bisher hölzernen Innen- und Außenwände zur Verringerung der Feuersgefahr in Leichtmetall ausgeführt. Die Bauweise kann verschiedenster Art sein, sie kann mit Holzkonstruktionen kombiniert oder noch besser ganz aus Leichtmetall sein.
Bild 52 zeigt eine Konstruktion, die sich bewährt hat. In Süllen aus U-Profilen steht das Wandinnere, 2 mm dicke Leichtmetallplatten, mit aufrechten, wellenartigen Auspressungen. Diese Auspressungen geben der Wand ihre Festigkeit und bestimmen die Dicke.

Für die Beplattung gibt es verschiedene Möglichkeiten:
1. Platten aus etwa 1 mm dickem Leichtmetall, die gestrichen oder tapeziert werden können. Deckengesimse, Deckleisten und Fußleisten sind eloxierte Leichtmetallprofile. Zum Schutz der unteren Wandflächen können gehämmerte, eloxierte, 200···250 mm breite Sockelbleche angebracht werden. Zur Montage verwendet man Parkerschrauben (gewindeschneidende Schrauben).

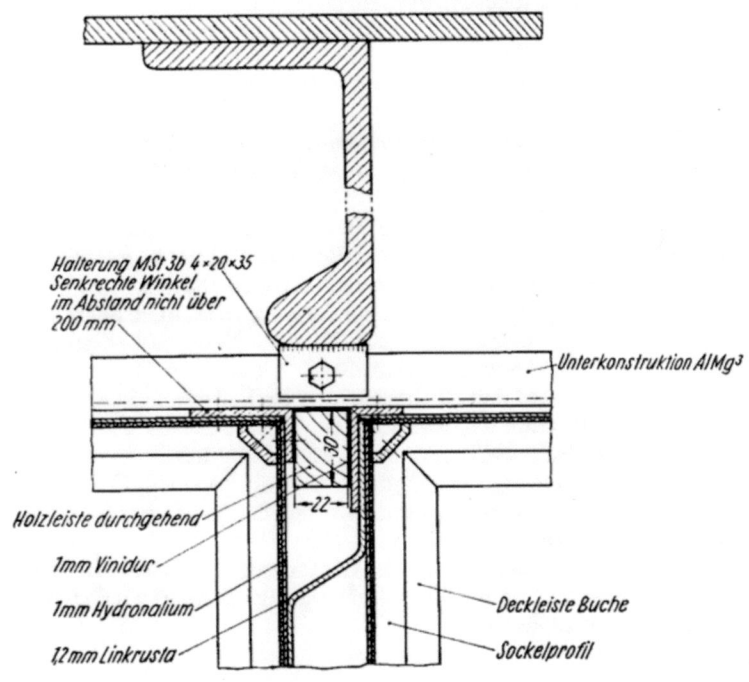

Bild 53
Wandanschluß an Außenhaut mit Hydronaliumunterkonstruktion

Es ist immer wieder darauf hinzuweisen, daß nicht nur korrosionsbeständiges Leichtmetall (Hydronalium) genommen wird, sondern daß auch bei der Montage die Verbindungsstellen mit Eisen zur Verhütung von elektrolytischen Korrosionen sorgfältig mit geeignetem Material (PVC-Folie) isoliert werden. Asbestplatten, die mit Leichtmetall in Berührung kommen, dürfen nicht bis auf den Fußboden reichen, da sie sonst Feuchtigkeit nach oben ziehen.

2. Hartfaserplatten, die gestrichen, tapeziert oder furniert und poliert werden können. Verleistung und Gesimse aus Holz oder Leichtmetallprofilen.

3. Sperrholzplatten, 10 mm dick, mit Edelhölzern furniert und poliert mit polierter Verleistung. Verwendung in Großräumen nach besonderen Entwürfen.

Für die Montage von schweren Einrichtungsgegenständen, wie Waschbecken, müssen in den Wänden an den entsprechenden Stellen Verstärkungen vorgesehen werden. Wenn notwendig, ist die Werft darauf hinzuweisen.

In vielen Fällen sind die Wände als Montagewände auszubilden, damit Schäden an hinter ihnen liegenden Armaturen schnell und leicht behoben werden können. Unzugängliche größere Hohlräume sind nicht statthaft.

4.24 Wände aus Kunststoffen

Auf der Suche nach feuersicheren und korrosionsfreien Werkstoffen für Wände scheinen verschiedene Versuche Erfolg zu versprechen (Glaskresit, Marinite). Jeder Werkstoff verlangt eine ihm angepaßte Verarbeitung, so daß sich hier neue Wandkonstruktionen ergeben werden[1]).

4.3 Deckenwegerung

In einfachen, untergeordneten Räumen erhalten die Decks keine Deckenwegerung, sondern höchstens, wo notwendig, einschließlich der Decksbalken einen Korkbewurf als Isolierung.

Die bisher übliche Ausführung der Deckenwegerung ähnelt der Wegerung der Stahlwände. An den Decksbalken werden Blindhölzer in ganzer Länge oder zur Holzeinsparung in kurzen Enden an den nötigen Stellen mit Schraubbolzen befestigt. Beim Anbringen der Blindhölzer ist genau darauf zu achten, daß die Unterkanten, die normalerweise etwa 20 mm über die Decksbalken vorstehen, fluchten, damit eine ebene Deckenfläche entsteht.

An die Blindhölzer wird das Deckengerippe als Unterkonstruktion geschraubt. Es besteht aus 50···100 mm breiten und 20···22 mm dicken genuteten Hölzern, die entsprechend der Deckenaufteilung und allen Erfordernissen montiert werden. Es müssen also auch Befestigungsmöglichkeiten für Lampen, Feuermelder oder Vorhangstangenhalter vorgesehen und Öffnungen für Lüfteraustritte und Bedienungsklappen gelassen werden.

In Sonderfällen, insbesondere für die Ausführung der Decken in den Großräumen, ist die Unterkonstruktion mit ihrer Befestigung zeichnerisch festzulegen und sorgfältig durchzukonstruieren.

---

[1]) Über die Verarbeitung von Marinite-Platten siehe Hansa **1955**, H. 4, S. 1790.

Die Deckenplatten, 8···10 mm dicke Sperrholzplatten oder Hartfaserplatten, werden dem Entwurf entsprechend an das Deckengerippe geschraubt. Die Plattenstöße können dicht oder auch mit 10···15 mm breiten Zwischenräumen, die für die Gestaltung der Decke auszunutzen sind, ausgeführt werden. Möglichst alle Deckenplatten sollen durch Lösen der Schrauben abnehmbar sein, nur die Platten unter Lampen, Lüftern u. ä. bleiben fest. Dort, wo in der Decke wichtige Bedienungsstellen an Rohren, Kabeln usw. liegen, sind genügend große Klappen einzubauen.
Sämtliche Hölzer und Deckenplatten sind vor der Verarbeitung zum Schutz gegen Feuchtigkeit zu grundieren oder zu imprägnieren.
Aus Gründen der Feuersicherheit geht man mehr und mehr zur Ausführung in Leichtmetall (Hydronalium) über. Als Deckenplatten kommen dann etwa 1···1,5 mm dicke Bleche in Frage. Das Deckengerippe kann außerdem durch eine Konstruktion aus Leichtmetallwinkeln ersetzt werden.
Da in der Decke fast sämtliche Kanäle, Rohrleitungen und Kabelbahnen laufen, ergeben sich bei der Konstruktion der Decken, besonders in den Großräumen, oft erhebliche Schwierigkeiten und manche Probleme. Deshalb sind vor Beginn des Entwurfs und der Konstruktionsarbeiten alle nötigen Unterlagen nicht nur vom Schiffbau über die Höhe und Lage der Decksbalken, Art der Isolierung oder Dicke und Lage von Stützen usw., sondern auch über die Lage und Ausmaße von Lüftungskanälen und den Verlauf von Rohrleitungen und Kabelbahnen einzuholen. Entstehen Schwierigkeiten und ungünstige oder unschöne Ausbildungen der Decken, ist zu versuchen, Änderungen oder weitgehendes Entgegenkommen zu erreichen.
Gerade in bezug auf die Gestaltung und Ausführung der Decken hat sich gezeigt, wie unumgänglich eine genaue Abstimmung zwischen allen Beteiligten ist. Nach dem technischen Projekt versucht der Architekt, in einem Vorentwurf die schiffbaulichen Gegebenheiten und vorgesehenen Einrichtungen seinen Absichten in bezug auf die architektonische Gestaltung unterzuordnen. Seine Wünsche trägt er den in Frage kommenden Abteilungen der Werft vor, die versuchen werden, ihm, soweit dies technisch möglich ist, entgegenzukommen.
Bei Seegang werden die Verbände eines Schiffes hoch beansprucht, und konstruktiv ist mit Zug- und Druckbeanspruchungen in der Längs- und Querrichtung zu rechnen. An Bord macht sich dieses durch das Knirschen der Nietverbindungen bemerkbar. In den Gesellschaftsräumen mit größeren Ausmaßen, kann es zu einem Knarren der Holzverschalungen kommen. Der Fahrgast soll aber so wenig wie möglich daran erinnert werden, daß er sich auf einem im Seegang arbeitenden Schiff befindet. Auf größeren Schiffen werden deshalb die Aufbauten mit Dehnungsfugen aufgestellt; sollte sich trotzdem noch hier und da ein Knarren der Täfelungen zeigen, läßt es sich durch ovale Löcher (längs zum Schiff) für die Befestigungsschrauben beheben.

4.4 Fußboden

Für die Raumgestaltung ist die Kenntnis der Art und Dicke des Fußbodens sowie des Belags notwendig, weil hiervon die lichte Höhe des Raumes, die Befestigungsmöglichkeiten für die Einrichtung und nicht zuletzt viele Möglichkeiten der Gestaltung abhängen.

Die Werft legt die geforderten Fußbodenarten in Decksbelagsplänen fest. Sämtliche Fußböden sind dem Deckssprung und der Balkenbucht angepaßt. Nur in seltenen Ausnahmefällen werden Holzfußböden waagerecht verlegt.

4.41 Steinholzfußboden

Steinholzfußboden wird in einer Dicke von etwa 40 mm von Facharbeitern verlegt. Auf dem Stahldeck, das mit einem Schutzanstrich versehen werden muß, wird das Steinholz durch eine genügende Anzahl sogenannter Schmetterlinge, in einem Abstand von 400···500 mm angeschweißte Halter aus aufgebogenen, kurzen Blechstreifen, gegen das Aufbeulen gesichert.

Soll kein weiterer Belag aufgebracht werden, so ist die Oberschicht besonders sorgfältig aus feinkörnigem Material mit Farbzusatz herzustellen und sauber abzuziehen. Steinholz ist schraub- und nagelbar. Zurrungen werden eingelassen und am Stahldeck durch Anschweißen oder Anschrauben befestigt.

4.42 Gummi-Zement-Streichboden

Ein Gummi-Zement-Streichboden (unter dem Namen „Semtex" von der Dunlop-Gesellschaft hergestellt) hat angeblich Eigenschaften, die ihn vor den bisher üblichen magnesitgebundenen Fußböden auszeichnen. Diese Eigenschaften sind schnelle Verlegung und Austrocknung, Gewichtseinsparung, geringe Dicke, feste Verbindung des Materials unmittelbar mit dem Stahldeck und Rissefreiheit des elastischen Belags.
(Als elastischer Mörtel findet er Verwendung bei der Verlegung von Fliesen und Mosaik.)
(Siehe auch Abschnitt 3.32, Kunststoff-Spachtelbelag.)

4.43 Parkettfußboden

Parkettfußböden kommen in repräsentativen Räumen besonders als Tanzflächen in Frage. Der gut ausgetrocknete Blindboden von 25···30 mm Dicke wird auf sorgfältig ausgerichteten Lagerhölzern, die fest durch angeschweißte Laschen oder Schraubbolzen mit dem Stahldeck verbunden sein müssen, verlegt. Die einzelnen Bretter werden je nach Breite mit Fugen bis zu 1 cm verlegt. Es finden auch Tischlerplatten Verwendung.
Der Stabfußboden wird meist im Fischgratmuster verlegt. Die etwa 24 mm dicken Stäbe haben eine Breite von 55···130 mm, um je 5 mm steigend, und eine Länge von 300···750 mm, um je 50 mm steigend. Das Tafelparkett ist ein Fußboden aus massiven oder furnierten, meist quadratischen Holztafeln mit einer Kantenlänge von 400···600 mm.
Bei kleineren Schiffen werden u. U. in einigen Bereichen die Stahldecken durch dicke Bohlendecken ersetzt, die zugleich den Fußboden ergeben.
Stoßen Steinholzfußböden mit Parkett zusammen, werden sie durch angeschweißte Flachstähle, die die Breite der Fußbodendicke haben, getrennt. Die Fugen werden zum Schluß mit aufgeschraubten Metallschienen verdeckt.

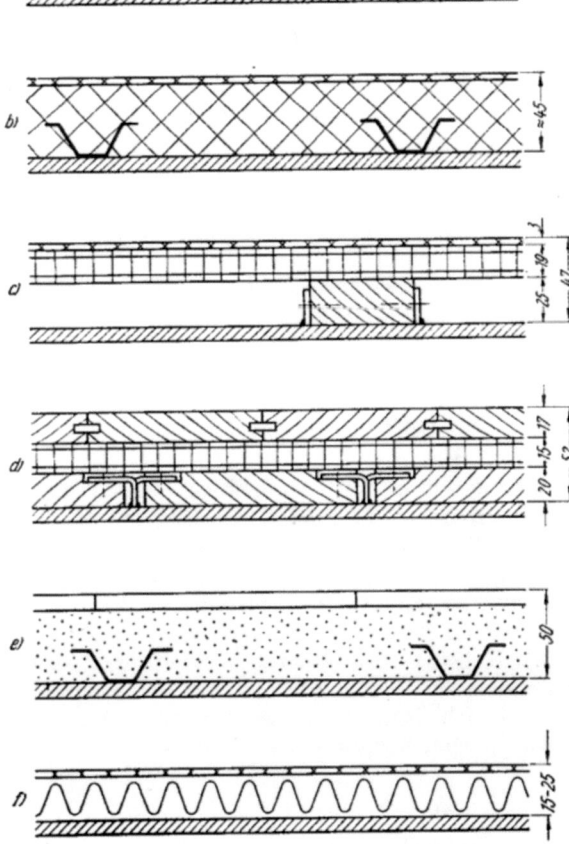

Bild 54. Fußböden
a) Decksplanken
b) Litosilo mit PVC-Fußbodenbelag
c) Tischlerplatten mit Belag
d) Parkett mit Blindboden
e) Fliesen auf Leichtbeton
f) Fußboden auf Plast- oder Kautschukbasis

4.44 Fußbodenbelag

Räume, für die kein vollständiger Teppichbelag vorgesehen ist, erhalten Linoleum- oder PVC-Fußbodenbelag.

4.441 Linoleum

Linoleum wird in Bahnen von 25···30 m Länge und 2 m Breite geliefert. Seine Dicke beträgt 2,2···4 mm. Er wird auf dem festen, trockenen und ebenen Unterboden aufgeklebt. Die Fugen werden mit etwa 20 mm breiten Schienen aus Messing oder brauchbarem Kunststoff, wie Plastatex, die Kanten mit Fegeleisten abgedeckt.
Mit Linoleumfliesen, d. s. Platten aus etwa 6 mm dickem einfarbigem Linoleum verschiedener Farbtöne in Größen zwischen 150 · 150 und 460 · 460 mm, lassen sich, vor allem in größeren Räumen, gute dekorative Wirkungen erzielen.

PVC-Fußbodenbelag wird in Rollen von etwa 10···20 m Länge, 1100···1300 mm Breite und in den Dicken von 3···5 mm hergestellt. Es wird ebenfalls auf den Unterboden geklebt. Da es möglich ist, die Stoßkanten zu verschweißen, kann man mit ihm völlig wasserdichte Beläge erzielen (s. 3.31).
Gummibelag von 4···8 mm Dicke wird ebenfalls in Bahnen und Fliesen verlegt.
Vollständigen Teppichbelag in Plüsch oder gleichwertigen Geweben erhalten die oberen Klassen, die entsprechenden Gesellschaftsräume und die Räume der Spitzenoffiziere. Dieser wird aus Bahnen sorgfältig zusammengenäht und genau den Umrissen des Raumes und der eingebauten Möbel angeschnitten. Die Kanten werden mit einer Borte eingefaßt und mit Fegeleisten befestigt. Tische und evtl. auch Stühle werden durch den Teppich gezurrt.
Handelsübliche Teppiche kommen nur in besonderen Fällen in Gesellschaftsräumen, vorzugsweise auf Parkettfußböden, in Frage.
Läufer gewünschter Breite aus Plüsch werden etwa für die Kabinen der II. Klasse, solche aus Haargarngewebe oder Bouclé für die III. Klasse und die Mannschaften verwendet. Die Gänge erhalten ebenfalls Läufer in der entsprechenden Qualität.

5 Stützen

Stützen (Profilstähle, zusammengesetzte Profile oder runde Säulen), welche die Unterzüge bei zu großen Spannweiten abstützen, treten für uns gewöhnlich nur in größeren Räumen in Erscheinung. Sie werden, als Säulen verkleidet, in die Architektur des Raumes einbezogen und dessen Ausführung entsprechend gestrichen oder poliert. Die Säulenmäntel werden als Halbschalen gefertigt und an Bord auf die genauen Längen geschnitten, angepaßt und von Fall zu Fall mittels Nut und Feder oder anderer Verbindungen zusammengesetzt. Sockel und Gesimse sind als Halbringe zu liefern und ebenfalls an Bord anzupassen. Da die Stützen nicht immer lotrecht stehen, muß der Hohlraum groß genug sein, um Abweichungen ausgleichen zu können.

6 Innentreppen

Unsere Betrachtung erstreckt sich nur auf Innentreppen, soweit sie für die Innenausstattung in Frage kommen.
Die Konstruktion der Treppen erfordert besondere Kenntnisse; hier sei nur auf die im Schiffbau auftretenden Besonderheiten und Notwendigkeiten hingewiesen. Verwendet werden überwiegend dreiarmige gerade Treppen mit Zwischenpodest oder gewundene Treppen für die Haupttreppenhäuser und einarmige gerade oder gewendelte Treppen für die Nebenaufgänge oder Niedergänge.
Bei den zu den Gesellschafts- und Fahrgasträumen führenden Treppen ist auf ein günstiges Steigungsverhältnis nach der Formel $2h + b = 63$ cm zu achten, damit ein sicheres und bequemes Gehen gewährleistet ist. Bei bequemen Treppen soll die Steigung nicht über 18 cm betragen, für Nebentreppen kann man bis zu 20 cm Steigungshöhe und notfalls darüber gehen.

Schiffstreppen sind besonders solide auszuführen. Zur Erhöhung der Feuersicherheit bevorzugt man neuerdings Innentreppen aus Metall (Stahl oder Hydronalium). Die Stufen erhalten einen Belag, z. B. Gummi oder Kunststoff. Die Treppenwangen sind zu verkleiden, möglichst entsprechend der Architektur und Ausführung der Vestibüle, zu denen die betreffende Treppe gehört. Treppen in den Vestibülen und zu den oberen Klassen werden auch mit Läufern belegt. Bei den geringen Deckshöhen ist besonders auf ausreichende Kopfhöhe, die möglichst nicht unter 2000 mm, keinesfalls aber unter 1900 mm sein soll, zu achten. Die Treppengeländer und Handläufe werden in Holz, aus Stahl oder Leichtmetall ausgeführt. Die Höhe der Handläufe ist wie üblich 900 mm.

7 Türen

Die allgemeine Anordnung der Türen ist aus den Türen-, Möblierungs- und Feuerschutzplänen zu ersehen. Im Türenplan ist weiterhin die Größe sämtlicher Türausschnitte in den Wänden angegeben und wohin die Türen schlagen.
Wird die Dicke des Türrahmens von diesen Maßen abgezogen, ergeben sich die lichten Türmaße. Für alle Türen ist eine lichte Höhe von 1900···1950 mm über dem Decksbelag anzunehmen, bei Türen für Gesellschaftsräume möglichst höher, soweit dies die Höhe der Decke erlaubt. Die Süllhöhen der Wandausschnitte werden vom Stahldeck gemessen.

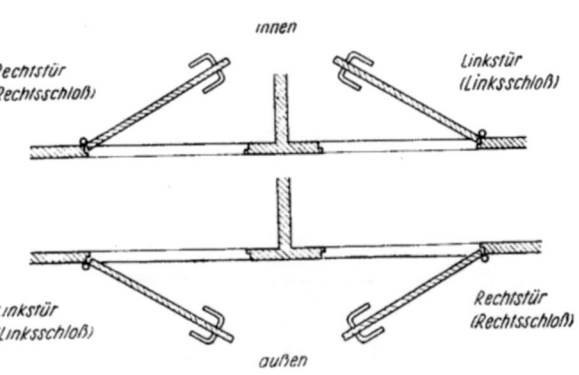

Bild 55. Türbezeichnungen

Wandausschnitte für Türen in Holzwänden:

    Kabinentüren   750×1900···1950 mm, lichte Breite mindestens 600 mm
    Nebentüren   600··· 700×1800···1850 mm
    Außentüren   800··· 900×1880 mit 120···150 mm hohem Süll
    Zweiflg. Türen 1300···1400×1900···1950 mm

Ausschnitte für Türen in Stahlwänden:

    Kabinentüren   650··· 700×1850 mit 150 mm hohem Süll

Lichte Türbreiten:

    Außentüren   700···800 mm
    Kabinentüren 650···700 mm
    Zweiflügelige Türen sollen nicht unter 1200 mm breit sein.

7.1 Holztüren

Auf dem Schiff haben die Holztüren im allgemeinen einen Blendrahmen, der entsprechend allen örtlichen Gegebenheiten wie Wanddicken, Süllhöhen, Einbaumöglichkeiten usw. gearbeitet sein muß. Bei schwächeren Holzwänden ist es angebracht, die aufrechten Stücke des Blendrahmens bis zum oberen Süll durchgehen zu lassen, um sie dort zu befestigen. Die Bilder 56···58, 61 u. 62 zeigen die Anschlüsse von Türen an Stahl- und Holzwänden. Die Blendrahmendicke muß den Wanddicken entsprechen, bei deren Berechnung Isolierungen, Täfelungen, Tapeten usw. nicht vergessen werden dürfen. Hierüber sind von der Bauwerft die nötigen Angaben einzuholen oder die Einzelheiten zu vereinbaren. Sind Änderungen, insbesondere der Türgrößen, notwendig, haben diese nicht ohne Wissen oder Einverständnis der zuständigen Abteilung der Werft zu erfolgen.

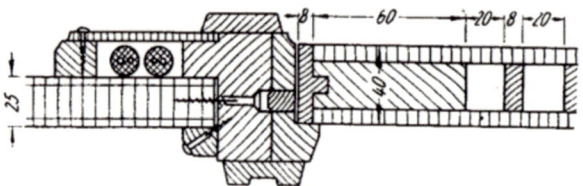

Bild 56. Kammertür in 25 mm dicker Holzwand

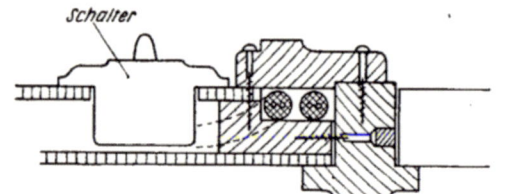

Bild 57. Kammertür in Hohlwand

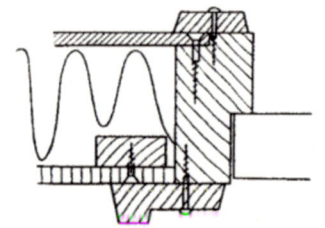

Bild 58. Tür in Stahlwand

Kabel, die zu Lichtschaltern neben der Tür führen, lassen sich bei entsprechender Konstruktion des Blendrahmens vorteilhaft unter der Bekleidung verlegen.
Wird Wert auf die Wahrung der architektonischen Linie gelegt, was in den Gängen meist der Fall sein wird, sind die Türen nicht nur gleich hoch, sondern evtl. auch auf Schmiege entsprechend der Bucht oder dem Sprung zu arbeiten. Hierbei ist sehr sorgfältig zu verfahren und ein möglichst genaues Maß zu nehmen, da sich die Schmiege laufend ändert. Auch ist darauf zu achten, daß die Tür beim weiten Öffnen nicht auf den Fußboden oder an die Decke stößt.
Die Schwellen erhalten Trittschienen aus Messing oder geeignetem Kunststoff wie Plastatex.

7.11 Außentüren

Außentüren, die auf die Freidecks führen, werden in besonders stabiler Ausführung aus massivem Teak- oder Eichenholz hergestellt und naturfarben lackiert. Sie schlagen stets nach außen in Richtung auf das Vorschiff, damit Wind und

Wetter sie fest an den Rahmen drücken und sie somit dicht schließen. Gummieinlagen im Falz machen sie völlig wasserdicht. Alle Außentüren haben ein hohes Süll, damit überkommende See nicht ins Schiff dringt.

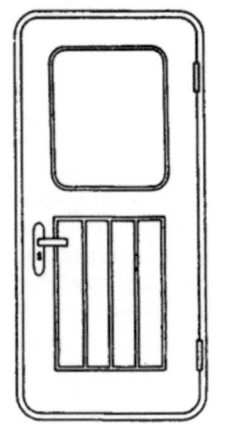
Bild 59. Einflüglige Außentür

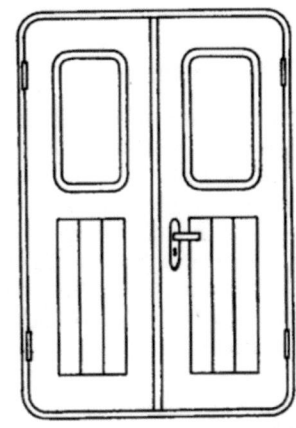
Bild 60. Zweiflüglige Außentür

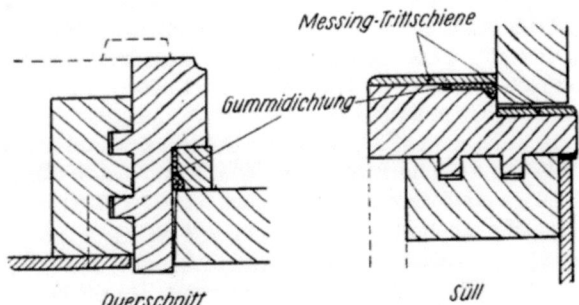
Bild 61. Details zur Außentür mit Gummidichtung

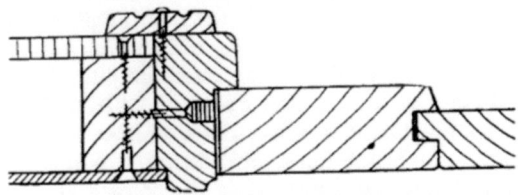
Bild 62. Details zur Außentür

Der Blendrahmen, der vielfach runde Ecken bis zu 100 mm Radius hat, wird an die Stahlwand geschraubt. Außen wird die Fuge zwischen Blendrahmen und Stahlwand nicht verleistet, sondern vor dem Anstrich verkittet.
Das 45···50 mm dicke Türblatt wird auf Rahmen mit aufrechten, gestäbten Füllungen gearbeitet. Im oberen Teil ist in den meisten Fällen eine dicke Ver-

glasung in Metallrahmen vorzusehen, die vorzugsweise rund ist. Über den Außentüren sind Regenleisten nicht zu vergessen. Die Trittschienen bestehen ausschließlich aus Messing. Beschläge (Messing): schwere Bänder, Einsteckschloß (außen mit Knopfdrücker), Türsperre mit Gummikappe und Schließblech oder Türhaken mit Öse.

7.12 Kabinentüren

Sie sind etwa 40 mm dick und schlagen möglichst in den Raum. Füllungstüren werden höchstens noch in einfacher, gestrichener Ausführung für Kabinen III. Klasse und Mannschaftsunterkünfte verwendet. Früher wurden auch die besseren, polierten Türen in dieser Art (häufig aus Mahagoni) hergestellt. Seitdem die Technik des Absperrens sich auch auf die Bauart der Türen ausgewirkt hat, haben die glatten Türen die Füllungstüren fast verdrängt. Bei der Herstellung der glatten Türen werden an Konstruktion und Ausführung hohe Anforderungen gestellt; das schlichte Aussehen steht im Gegensatz zu der durchdachten Bauweise. Volle, abgesperrte Türen kommen als Kammertüren nicht in Frage, da sie sehr schwer sind, stark arbeiten und nur unter Materialverschwendung hergestellt werden können. Vorteilhafter in jeder Beziehung sind beiderseits mit dünneren Sperrplatten beleimte Blindrahmentüren. Auf 24$\cdots$28 mm dicke Blindrahmen, die wie jeder andere Rahmen gestemmt oder geschlitzt sind, werden 6$\cdots$8 mm dicke Sperrplatten geleimt. Damit diese genügend fest aufliegen und sich nicht durchbiegen, werden Füllhölzer in der Dicke der Blindrahmen und etwa 20 mm breit mit Zwischenräumen von 25 bzw. 35 mm eingefedert. Die Zwischenräume dürfen nicht weiter sein, da sich sonst die Rahmenkonstruktion durch die Sperrplatten hindurch markiert. Dieser Fehler tritt besonders dann auf, wenn die Sperrplatten nicht allseitig von der Luft umspült werden, also nur außen trocknen. Er wird vermieden, wenn man alle Querhölzer durchbohrt und so eine Verbindung der Hohlräume mit der Außenluft herstellt. Die Sperrplatten dürfen auch nur an den Rändern fest aufgeleimt werden, im übrigen ist Punktverleimung anzuwenden.

Bei der Ausführung in Edelholz erhalten die mit Sperrplatten beleimten Türblätter 4$\cdots$5 mm dicke Anleimer in der entsprechenden Holzart, worauf beide Flächen furniert und poliert oder mattiert werden. Durch geschickte Furnierzusammensetzung lassen sich sehr wirkungsvolle Flächen erzielen. Die Behandlung beider Flächen der Türblätter richtet sich nach der Ausführung der Räume bzw. Gänge. In einem geschlossenen Abschnitt der Gänge ist die äußere Ansicht sämtlicher Türen, auch die der Nebenräume, einheitlich auszuführen.

Wohnräume erhalten neben der natürlichen Belüftung im allgemeinen nur künstliche Zuluft, weshalb in die Türen zum Gang Lüftungsschieber, durch die die Luft entweichen kann, eingebaut werden. Diese müssen so konstruiert sein, daß man vom Gang nicht in den Raum hineinblicken kann. Während sich bei Rahmentüren im Notfall eine Füllung, die gangseitig nur verleistet sein darf, eindrücken läßt, können bei abgesperrten Türen die Lüftungsschieber so groß verlangt werden, daß sie als Fluchtweg benutzt werden können. In diesem Falle müssen sie so eingebaut sein, daß sie sich nach außen stoßen lassen. Für Tropenfahrt ist ein Moskito-Einsatz vorzusehen (Nylongewebe).

Beschläge: Einsteckschloß mit Griffdrücker und Schlüsselschild, Kammertürhängen, Türsperrhaken mit Klemmfeder, Türfeststeller mit Klemme, Trittschiene,

Lüftungsschieber. Die Türsperre dient dazu, die Türen, einen Spalt weit geöffnet, verriegeln zu können.

Türen zu Nebenräumen (WC!) werden gangseitig den Kabinentüren entsprechend, jedoch ohne Lüftungsschieber ausgeführt, raumseitig dagegen nur ge-

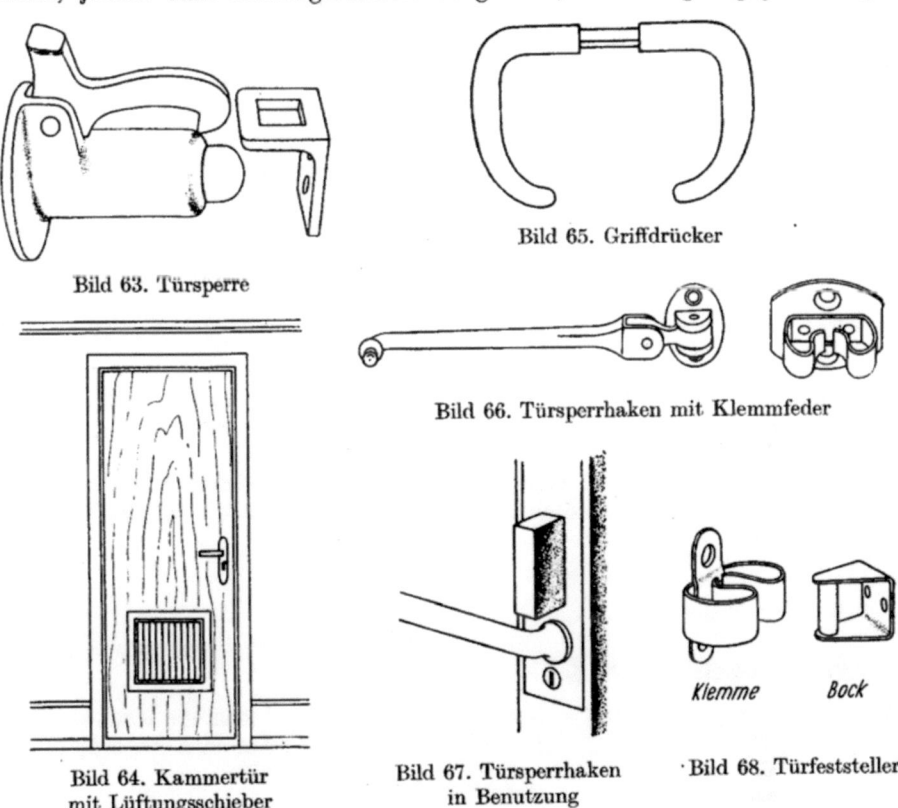

Bild 63. Türsperre

Bild 65. Griffdrücker

Bild 66. Türsperrhaken mit Klemmfeder

Bild 64. Kammertür mit Lüftungsschieber

Bild 67. Türsperrhaken in Benutzung

Bild 68. Türfeststeller

strichen. Türen in Bädern und Duschen werden, wenn sie nicht aus Metall sind, innen zum Schutz gegen Feuchtigkeit mit dünnem Blech, das gestrichen wird, belegt.

7.13 Schiebetüren

Schiebetüren werden nur in Einzelfällen vorgesehen, und zwar dort, wo eine Flügeltür sehr hinderlich wäre (bei Verbindungstüren). Sie werden bei guter Ausführung in eine Doppelwand geschoben, die jedoch den Nachteil der größeren Wanddicke und des höheren Gewichts hat. Das Süll ist, zumindest bei einflügligen Türen, waagerecht zu machen. Ist dies bei zweiflügligen Schiebetüren wegen der zu starken Bucht nicht möglich, müssen die beiden Flügel durch Seilzug verbunden werden, damit sie sich gegenseitig im Gleichgewicht halten. Über der Tür ist auf der einen Wandseite eine leicht abnehmbare Platte für die Montage und Regulierung des Schiebetürbeschlags vorzusehen.

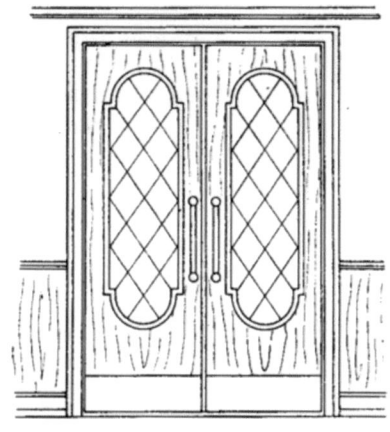

Beschläge: Schiebetürbeschlag, Schiebetüreinsteckschloß, bei zweiflügligen Schiebetüren ein solches mit Handhabe, Zirkelriegel und Gegenkasten.

7.14 Türen zu Gesellschaftsräumen

Türen für Gesellschaftsräume, Salons, Restaurants usw. werden nach besonderem Entwurf dem Raum entsprechend ausgeführt. Sie schlagen stets nach außen, damit sie den Fluchtweg nicht behindern. Werden die Türen verglast, was meist der Fall ist, so darf die Verglasung aber nicht tiefer als etwa 650 mm, vom Fußboden gemessen, reichen. Stoßbleche sind nicht zu vergessen. Die lichte Breite ist 750 mm und mehr, zweiflüglige Türen sollen eine lichte Breite von mindestens 1200 mm haben.

Bild 69. Zweiflüglige Pendeltür

Beschläge: Einsteckschloß mit Griffdrücker und Schlüsselschild, Türfeststeller mit Klemme, Trittschiene, bei zweiflügligen Türen auch Kantenriegel.
Häufig werden Pendeltüren, ein- oder zweiflüglig, verwandt.
Beschläge hierfür: Pendeltürschloß mit Schlüsselschild, Pendeltürbänder, Kantenriegel, Türsperre und Pendeltürgriffe, deren Form der Ansicht der Tür entsprechen muß.

7.2 Metalltüren

7.21 Türen aus Leichtmetall

Werden die Trennwände in Leichtmetall ausgeführt, sind auch die Kammertüren gewöhnlich in diesem Metall herzustellen. In vielen Fällen sind aus architekto-

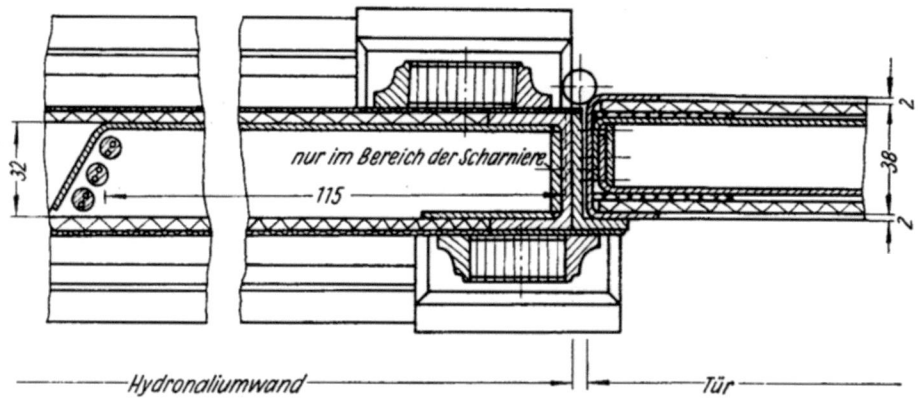

Bild 70 a. Türanschluß in freistehender Hydronaliumwand

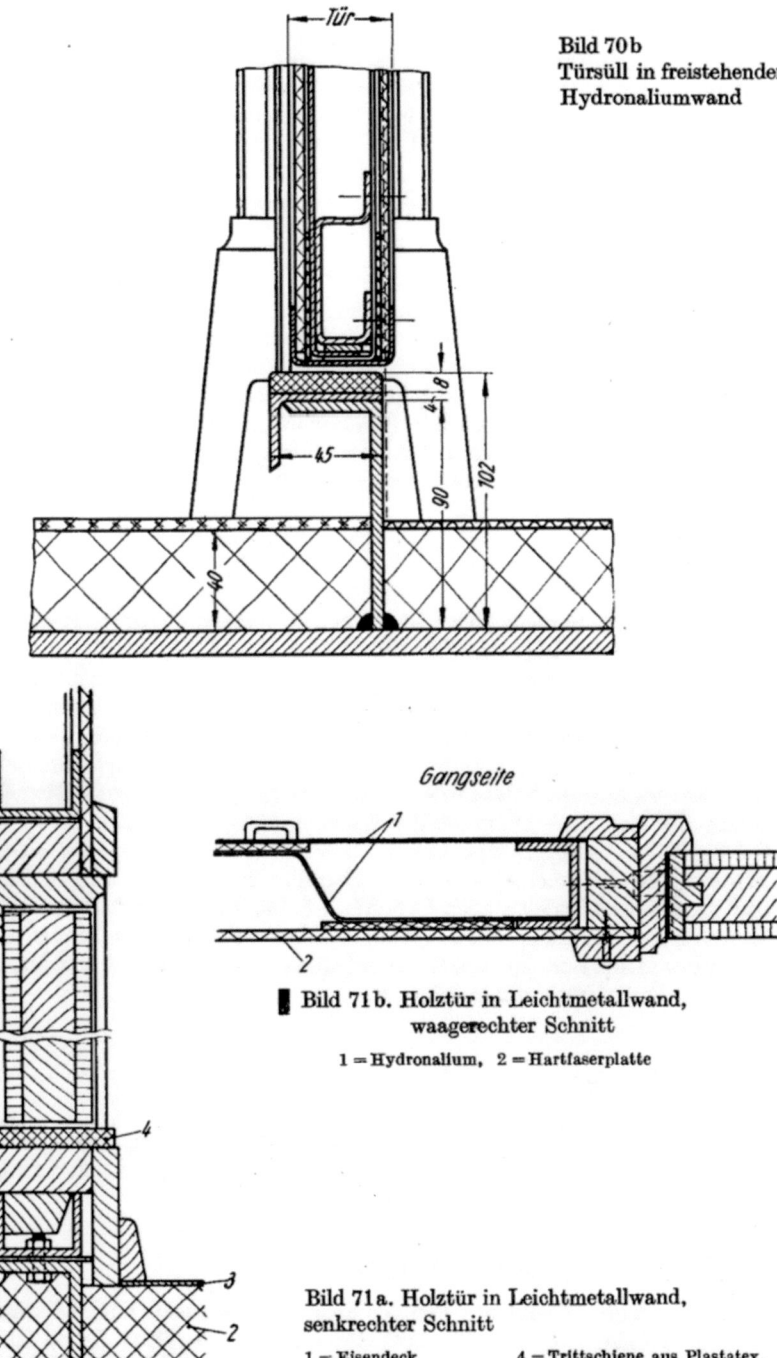

Bild 70b
Türsüll in freistehender Hydronaliumwand

Bild 71b. Holztür in Leichtmetallwand, waagerechter Schnitt

1 = Hydronalium, 2 = Hartfaserplatte

Bild 71a. Holztür in Leichtmetallwand, senkrechter Schnitt

1 = Eisendeck
2 = Litosilo
3 = Fußbodenbelag
4 = Trittschiene aus Plastatex,
5 = Isolierung mit Igelitfolie

nischen Gründen die Türen mit furnierten und polierten Hartfaserplatten zu belegen. Die Holzart richtet sich jeweils nach dem zugehörigen Raum. Im übrigen gilt hier das gleiche, was über hölzerne Kammertüren gesagt wurde.

Türen, die von den Vestibülen zu den Gesellschaftsräumen führen, werden oft als Feuertüren doppelwandig aus Leichtmetall mit Isolierung verlangt. Die Glasscheiben in diesen Türen müssen aus feuerfestem Glas sein. Die Türflächen können ebenfalls mit furnierten und polierten Hartfaserplatten belegt werden.

7.22 Türen aus Stahl

Größere Schiffe sind durch Feuerschotte in feuerdichte Abteilungen eingeteilt. Durchgänge in diesen Feuerschotten sind durch isolierte Feuertüren aus Stahl, die gewöhnlich offenstehen, aber bei Feuersgefahr (meist automatisch) geschlossen werden können, gesichert. Wo erforderlich, sind die Türöffnungen durch leichtere, hölzerne Verkehrstüren zu schließen. Für die Konstruktion dieser Türen sind die entsprechenden Zeichnungen der Feuertüren einzuholen, um den richtigen Anschluß an diese zu bekommen. Sinngemäß ist dies auch bei wasserdichten *Schiebetüren* aus Stahl zu beachten.

7.3 Schließplan

Für die einzubauenden Schlösser und .die dazugehörenden Schlüssel wird ein Schließplan aufgestellt und für alle Türen eine *Hauptschlüsselanlage* verwandt. Diese vereinigt ein System von Schlössern, in dem jedes einzelne Schloß nur mit dem dazu passenden Schlüssel schließbar ist, in dem aber trotzdem ein *Hauptschlüssel* die untereinander verschiedenen Schlösser betätigen kann.

Auf größeren Schiffen kommt man nicht mit einer Hauptschlüsselanlage aus, weshalb die gesamte Anlage in mehrere Untergruppen unterteilt wird. Jede Gruppe bildet für sich eine Hauptschlüsselanlage, wobei innerhalb dieser wieder Aufteilungen in Gruppen mit einem oder mehreren Gruppenschlüsseln erfolgen können. Ein *Generalhauptschlüssel* faßt dann die gesamte Anlage, die aus Haupt- und Gruppenschlüsselanlagen besteht, zur *Generalhauptschlüsselanlage* zusammen. Einzelne Türen wie für den Kapitän, den I. Offizier, den Funkraum u. ä., erhalten Sicherheitsschlösser. In sämtliche Schlösser und Schlüssel werden die entsprechenden Raumnummern geschlagen.

8 Fenster

Die Anordnung der Fenster ist aus dem Möblierungsplan, besser jedoch aus dem Fensterplan ersichtlich. In letzterem sind auch die Angaben über Art, Größe und Höhe der Fenster über Stahldeck enthalten.

8.1 Runde Fenster (Bullaugen)

In der Außenhaut sind die Fenster ausnahmslos rund, und es werden nur genormte Metallfenster mit 250, 300, 350 und 400 mm Dmr. lichte Glasdurchsicht verwandt. Die Fensterzargen werden mit der Außenhaut vernietet oder verschraubt. Die Fenster sind mit Korbmuttern verschlossen und lassen sich seitlich nach innen öffnen. Sind Seeschlagblenden, Klappen mit denen die Fenster gegen Wassereinbruch gesichert werden, vorhanden, werden diese nach oben geklappt und mit Blendenhaltern an der Decke gehaltert. Die Höhe vom Stahldeck ist etwa 1700 bis 1800 mm, bis Mitte Fenster gemessen.

In allen gewegerten Wänden erhalten die Fenster Fensterkästen in der Dicke der Wegerung. Die Größe ist meist an die Größe der Fenster und den Abstand der Spanten gebunden. Die gewöhnliche Form ist die Trichterform, die günstig für den Lichteinfall, meist aber auch notwendig ist, um die Korbmuttern zum Öffnen der Fenster weit genug zurückklappen zu können. Auf den letzten Punkt ist stets besonders zu achten.

Für das Ansammeln von Schwitzwasser wird am unteren Rande des Fensterkastens eine gebogene Hartholzleiste angebracht, vielfach auch noch zusätzlich ein kleiner

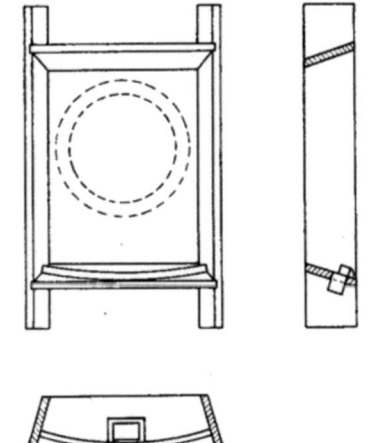

Bild 72. Fensterkasten

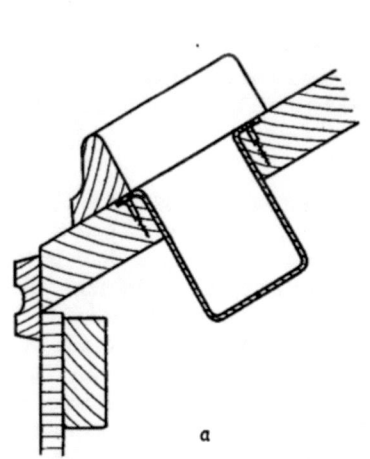
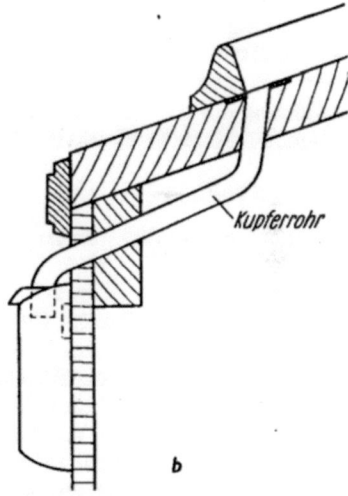

Bild 73a und b. Schwitzwasserkästen

verzinkter Wasserkasten eingelassen. Eine andere Möglichkeit ist, den Wasserkasten in besserer Ausführung unter dem Fenster an der Wand aufzuhängen und das durch die Leiste aufgefangene Wasser durch ein Kupferrohr hineinzuleiten.

Im allgemeinen werden die Fensterkästen hell gestrichen, die nicht abgedeckten Zwickel der Außenhaut erhalten Korkbewurf. In Gesellschaftsräumen und Luxuskabinen ist gewöhnlich eine besondere Konstruktion und eine bessere Ausführung, der Architektur des Raumes entsprechend, angebracht. Die Art der Ausführung richtet sich ganz nach der beabsichtigten Raumwirkung, besonders aber nach den jeweiligen örtlichen Verhältnissen.

8.2 Viereckige Fenster

In den Aufbauten (Deckshäusern) verwendet man für die Wohn- und Gesellschaftsräume genormte Klapp- oder Kurbelfenster. Diese können um so größer gewählt werden, je geringer die Gefahr des Eindrückens durch Brecher ist. Fenstergrößen: 250 × 400, 300 × 450, 350 × 500, 400 × 600 lichte Durchsicht.

Werden Möbel unterhalb von Kurbelfenstern eingebaut, ist darauf zu achten, daß der Gebrauch der Kurbel nicht behindert wird.

Auf den oberen Decks finden auch Holzfenster aus Hartholz Verwendung. Zur Vermeidung von Schwitzwasser sind sogenannte Verbundfenster zu empfehlen. Zwei Flügel werden mit einem Spezialbeschlag fest miteinander verbunden und mit Gummieinlagen abgedichtet, so daß zwischen den Glasscheiben ein stiller, isolierter Luftraum entsteht. Die viereckigen Fenster erhalten ebenfalls Fensterkästen, die in den Wohn- und Gesellschaftsräumen nach besonderem Entwurf in die Wandgestaltung einbezogen werden. Wegen der geringeren Dicke der Wände kann besonders bei polierter Ausführung auf die Trichterform verzichtet werden. Für die Tropenfahrt erhalten die Fenster Moskito-Einsätze (Nylongewebe).

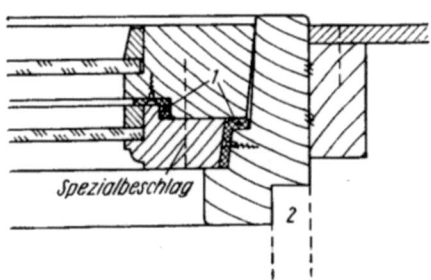

Bild 74. Detail zum Verbundfenster
1 = Gummidichtung, 2 = Fensterfutter

8.3 Oberlichte

Die Großräume in den oberen Decks erhalten, wenn es die örtlichen Verhältnisse gestatten, zusätzliches Tageslicht durch Skylights (sprich skailait), d. s. Decksfenster in dem darüberliegenden Freideck. Diese bieten im allgemeinen gute und willkommene Möglichkeiten für eine reichere Gestaltung und wirkungsvolle Belebung der Decke durch den Einbau eines zum Raum passenden Oberlichts. Große Oberlichte können zum architektonischen Mittelpunkt der Decke werden und die Stimmung des Raumes wesentlich beeinflussen. Sie verlangen nicht nur eine gute architektonische Lösung, sondern auch eine wohlüberlegte Konstruktion. Größe und Ausführung der Skylights sind so unterschiedlich, daß dadurch jedesmal eine andre Lösung der gestalterischen Aufgaben nötig ist und hier somit bestimmte Angaben keinen praktischen Wert haben.

9 Möbel

Da die Einrichtung eines Schiffes ein fester Bestandteil eines jeden Raumes ist, kann die Konstruktion der Schiffsmöbel in vielen Teilen von der üblichen Bauart abweichen. Durch den festen Einbau der Möbel ist es möglich und im Interesse der Gewichtseinsparung auch erwünscht, alle nicht für die Stabilität und die Form erforderlichen Teile fortzulassen. Wo die Forderung nach ausgesprochen leichten Möbeln besteht, sind besondere Leichtbauweisen anzuwenden. Wegen der erhöhten Beanspruchung durch dauernde Benutzung und die meist engen Raumverhältnisse sowie das Vibrieren des Schiffes ist aber stets auf eine solide, fachlich einwandfreie Ausführung zu achten.

Möbel, die sich in gleicher Ausführung oft wiederholen, sind vorteilhaft nach Normen zu fertigen, aber auch hierbei ist in jedem Falle zu prüfen, ob sich örtliche Schwierigkeiten beim Einbau ergeben könnten. Die Hauptmaße sind den jeweiligen Verhältnissen anzupassen. Für die Luxuskabinen wie auch für die Gesellschaftsräume werden die Möbel jedoch stets nach besonderen Entwürfen ausgeführt.

9.1 Schränke

Schränke werden stets an der Wand fest angebaut, und zwar entweder nur mit der Rückseite oder auch mit einer Seite oder sogar zwischengebaut. Dort, wo der Schrank angebaut wird, fallen, soweit es die Konstruktion erlaubt, die Rückwand oder die entsprechende Seite fort. Tragende Leisten usw. werden dann an

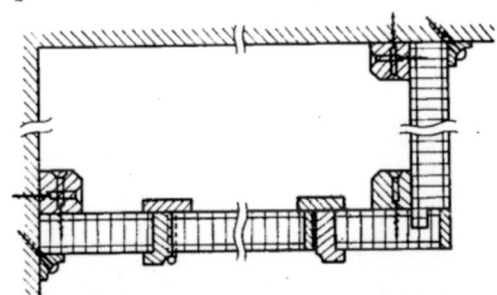

Bild 75. Schnitt durch einen Schrank (Detail)

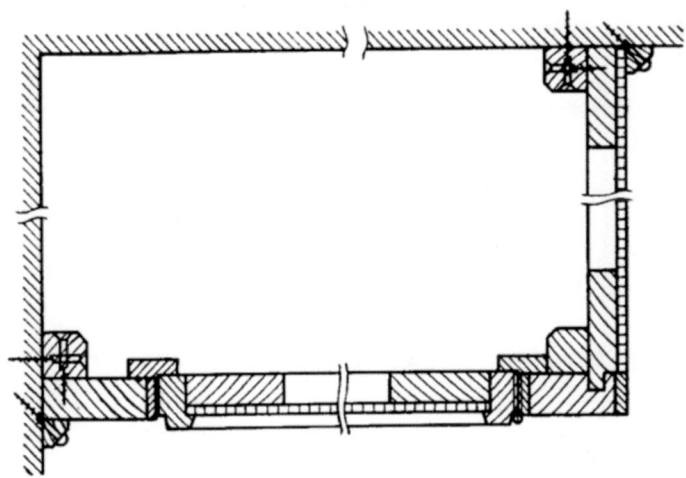

Bild 76. Schnitt durch einen Schrank in Leichtbauweise (Detail)

die Wand geschraubt. Die bei geöffneten Türen sichtbaren Wandflächen innerhalb des Schrankes sind bei polierten Wänden in der Holzart des Schrankinnern auszuführen, im andern Falle werden sie bei einfachen Schränken im entsprechenden Farbton gestrichen. Hinter Schubkästen und Zügen braucht die Wand überhaupt nicht besonders behandelt zu werden.

Sind in den Schränken Schubkästen vorhanden, ist darauf zu achten, ob evtl. Rücksicht auf Rohre, die hinter dem Schrank laufen, genommen werden muß. Die Hinterkante des Schubkastens muß in solchen Fällen mindestens 150 mm von der Wand entfernt sein. Weiterhin erhalten alle Schubkästen, auch wenn sie verschließbar sind, Schnäpper und Stopper.

Türen sollen, vor allem bei Schränken, die häufig benutzt werden, nicht breiter als 350···400 mm sein, da sie sonst in engen Räumen hinderlich sein könnten.

Bild 77. Schrank, zwischengebaut. Zweitüriger Schrank, links angebaut

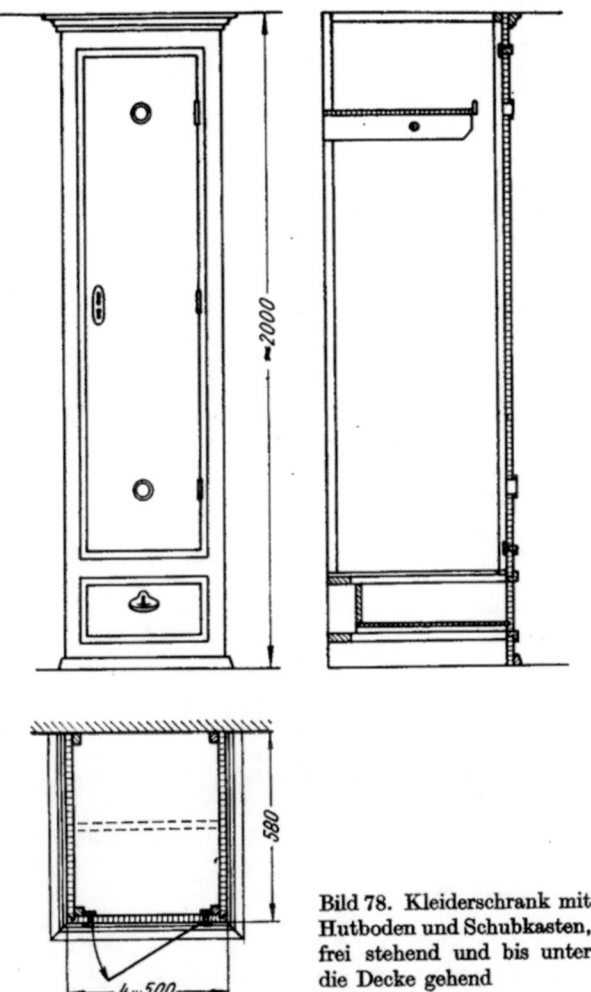

Bild 78. Kleiderschrank mit Hutboden und Schubkasten, frei stehend und bis unter die Decke gehend

9.101 Kleiderschränke

Unter den Schränken nehmen die Kleiderschränke den Vorrang ein. Da sie in jeder Kabine in der erforderlichen Anzahl unterzubringen sind, nächst den Kojen den größten Raum beanspruchen und insbesondere fast die ganze Höhe des Raumes einnehmen, ist ihre Eingliederung in die Möblierung sorgfältig zu überlegen und ihre Größe auf das Mindestmaß zu beschränken. Nur etwa im Schlafraum des Kapitäns oder in den Luxuskabinen kann man hierbei großzügiger verfahren. Es empfiehlt sich, mehrere Schränke in einer Kabine als Reihenschrank zusammenzufassen.

Die Tiefe des Kleiderschrankes soll mindestens 550 mm, außen gemessen, sein; für Offiziere und Fahrgäste I. Klasse ist das Maß nach Möglichkeit auf 600 mm

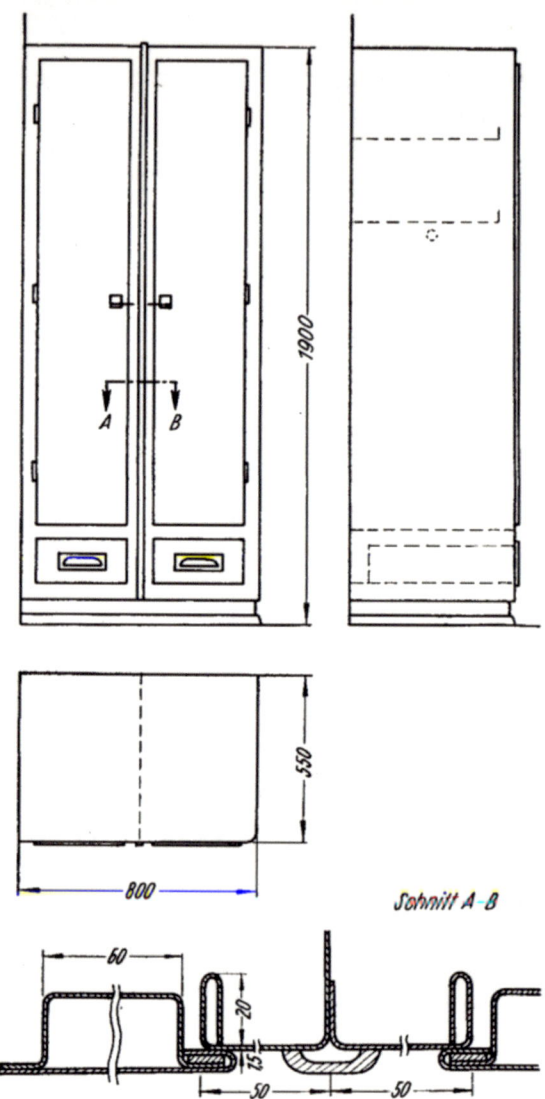

Bild 79. Kleider- und Wäscheschrank aus Leichtmetall

zu erhöhen. In der Breite ist mit 350 mm wohl das niedrigste Maß anzunehmen, durchschnittlich ist aber bei Schränken für Mannschaftskabinen und Kabinen II. und III. Klasse mit einer Breite von 400 mm, für Offiziere und die I. Klasse mit 500···700 mm zu rechnen. Kleider- und Wäscheschränke in den Luxuskabinen, für den Kapitän und den Leit. Ing. sind möglichst dreitürig auszuführen. Die Höhe ergibt sich aus den Höhen des Hutbodens, des Kleiderfaches, des Schubkastens und des Sockels (grob gerechnet: 200+1500+150+100 ≈ 1950 mm).

Auf dem Schrank sind für die Unterbringung von Koffern Schlingerleisten vorzusehen. Wenn der Raum zwischen der Oberkante des Schrankes und der Decke zu gering wird, was oft der Fall sein kann, ist der Schrank bis unter die Decke zu führen. Deckengesimse laufen dann auch um den Schrank herum.
Außer Hutboden und Kleiderstange sind in den Schränken für Offiziere und Fahrgäste I. und II. Klasse auch Schubkästen vorzusehen. Wenn in Mannschaftsunterkünften die Kojen keine Unterbauten mit Schubkästen haben, müssen die Mannschaftsspinde solche erhalten. Zwei- und dreitürige Schränke der Offiziere und Luxuskabinen werden mit Wäschefächern versehen.
Die Türen sollen so aufschlagen, daß Tageslicht in den Schrank fallen kann. In den Türen oder Seiten sind oben und unten Lüftungslöcher mit Lüftungsrosetten oder anderem Abschluß vorzusehen.
An Stelle der Kleiderschränke erweisen sich in die Wand eingebaute Schrankräume, die durch Vorhang von der Kabine abgeschlossen werden, als sehr praktisch. Sie erhalten Innenbeleuchtung und künstliche Abluft und sind mit Hutboden, Kleiderbügeln, Kleiderhaken sowie Vorrichtungen zum Aufhängen oder Absetzen der Schuhe ausgestattet.

9.102 Nachtschränke

Nachtschränke werden nur in Kabinen mit Einzelkojen vorgesehen, soweit Platz vorhanden ist. Sie dürfen die Oberkante der Koje um höchstens 200 mm überragen, hätten also im allgemeinen eine Höhe von 600 mm. Die Größe der Platte beträgt etwa 400×370 mm. Stehen sich die Betten in 2-Bett-Kabinen gegenüber, läßt sich zwischen ihnen zweckmäßig ein Doppelnachtschrank aufstellen. In besserer Ausführung werden die Platten mit Glas belegt.

9.103 Bücherschränke

Bücherschränke werden benötigt in Bibliotheken, Erholungsräumen der Besatzung, in Luxuskabinen und in den Wohnräumen des Kapitäns und der Spitzenoffiziere. Eine Gesamttiefe von 270 mm sollte normalerweise ausreichend sein. Die Einlegeböden haben für die allgemeine Buchgröße einen Abstand von 250 mm, für größere Ausgaben, wie Lexika, einen Abstand von 300 mm. Die Vorderkanten der Einlegeböden müssen mit Schlingerleisten versehen sein. Als weitere Maßnahme gegen das Herausfallen der Bücher bei Seegang kann in etwa halber Buchhöhe eine herausnehmbare Leiste angebracht werden. Aus Sicherheitsgründen werden nur die oberen Türteile verglast.

9.104 Frisiertoiletten

Sie kommen nur für die Schlafräume der Luxusappartements, die I. Klasse und evtl. für den Kapitän in Frage. Sie sind möglichst günstig zum Tageslicht aufzustellen; hierbei kommt es aber nicht darauf an, daß die Spiegel genügend Licht erhalten, sondern daß der sich Spiegelnde ausreichend beleuchtet wird. Im allgemeinen dürfte das Anbringen der Spiegel an der Wand, weil es am sichersten ist, bevorzugt werden. Bei dreiteiligen Spiegeln müssen die beiden schwenkbaren Seitenspiegel feststellbar sein. Über den Spiegeln oder beidseitig werden Wand- oder Spiegelleuchten angebracht. Vor der Frisiertoilette steht ein bequemer Hocker mit Flachpolster.

Ein kombinierter Schreib- und Frisiertisch bewährt sich bei den engen räumlichen Verhältnissen als praktisches Mehrzweckmöbel. Der Mittelteil der Tischplatte ist hochklappbar und an der unteren Fläche mit einem Spiegel versehen.

9.105 Vitrinen

Vitrinen und Schränke mit Glasschiebetüren sind z. B. verwendbar für Kioske und Schrankaufsätze in Wohnräumen der Luxuskabinen oder des Kapitäns. Da das Schrankinnere durch die Glasscheiben gut sichtbar ist, müssen die Schränke auch innen in bester Qualität ausgeführt werden.

9.106 Bücherborde

Bücherborde für 15···20 Bücher, vielfach mit verschließbaren Seitenschränkchen für kleine Utensilien, erhalten die Offiziere, soweit für sie kein Bücherschrank vorgesehen ist, und möglichst auch die übrigen Besatzungsmitglieder. Bei offenen Fächern verhindert man das Herausfallen der Bücher nicht nur durch die übliche Schlingerleiste, sondern zusätzlich durch eine herausnehmbare Leiste in halber Buchhöhe. Auf dem Bord ist ebenfalls eine Schlingerleiste anzuordnen.

Bild 80. Bücherbord

9.107 Schlüsselschränke

Wandschränke für Schlüssel sind für die Kabinen folgender Dienstgrade vorzusehen: I. Offizier, Offiziere für Fahrgäste, Ladungsoffizier, Maschinenbüro, Oberstewards u. a. Der verschließbare Türrahmen ist verglast, an der Rückwand des Schrankes befindet sich die nötige Anzahl Haken für die Schlüssel mit den entsprechenden Schlüsselnummern darunter.

9.108 Theken (Schanktische)

In Restaurants, Bars und ähnlichen Räumen dienen die Theken zum Ausschenken von Getränken.
Die Konstruktion von Theken mit Spezialeinrichtung überläßt man am besten dem Hersteller. Es genügen Maßskizzen mit den erforderlichen Angaben über die gewünschte Ausführung: Bierbalken, Spülkasten, Kühlbehälter für Flaschen, Tropfkasten, Kühlschrank, Fächer für die Lagerung von Wein- und Likörflaschen usw.
Die Höhe der Biertheke beträgt etwa 1000 mm, die Tiefe 650···700 mm. Die Platte erhält durchgehende, verchromte Blechverkleidung mit einem 15···20 mm hohen Wulst an den Kanten. Die Front der Theke wird nach besonderem Entwurf, dem Raum entsprechend, verkleidet. Es ist ratsam, den Sockel mindestens 120 mm hoch auszuführen, ihn 50···60 mm zurückspringen zu lassen und mit Linoleum zu belegen. Besondere Aufmerksamkeit ist dem Anschluß an die Wasserleitung und dem Abfluß zu schenken, da die Rohre an den erforderlichen Stellen von unten in die Theke geführt werden müssen.

9.1081 Bartische

Bartische haben eine Höhe von 1100 mm bei einer Hockerhöhe von 800 mm, ändert man die Tischhöhe, ist selbstverständlich auch die Höhe des Hockers zu ändern. Die 500···750 mm breite Platte der Bartische muß zum Gast hin 250 mm überstehen. Sie ist mit Glas, Marmor oder Resopal belegt. Längs der vorderen Tischkante läuft in einem Abstand von etwa 100 mm eine verchromte Haltestange. Die gezurrten Barhocker haben von der Tischkante einen Abstand von 10···20 mm.

9.109 Büfetts, Anrichten

Für die Ausführung von Büfetts und Anrichten geben die Erfordernisse und die örtlichen Verhältnisse den Ausschlag. Der Raumbedarf für Gläser, Geschirr, Bestecke, Flaschen, Süßwaren, Tabakwaren usw. ist festzustellen. Auch muß in einem Schrank der Platz für mindestens eine Sauerstoffflasche berücksichtigt werden; durch ein kleines Fenster in der Tür kann man das Manometer beobachten. Besondere Sorgfalt ist auf die Unterbringung der Gläser zu verwenden, damit sie bei Seegang nicht zerbrechen. Biergläser stehen sicher in passenden, runden Ausschnitten eines Doppelbodens, sie können aber auch auf schräge Pflöcke in Wandbrettern gesteckt werden. Gläser mit Füßen werden am sichersten in Halteleisten, die der Fußgröße entsprechen, geschoben.

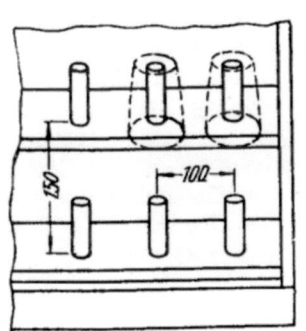 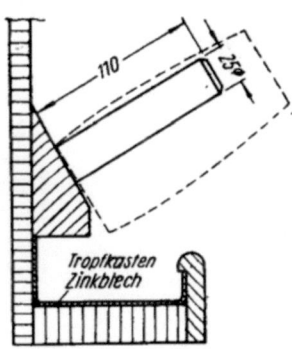

Bild 81. Wandbrett für Biergläser

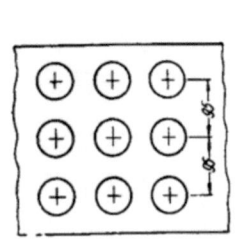 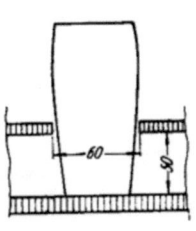

Bild 82. Bord für Biergläser   Bild 83. Boden mit Halteleisten für Weingläser

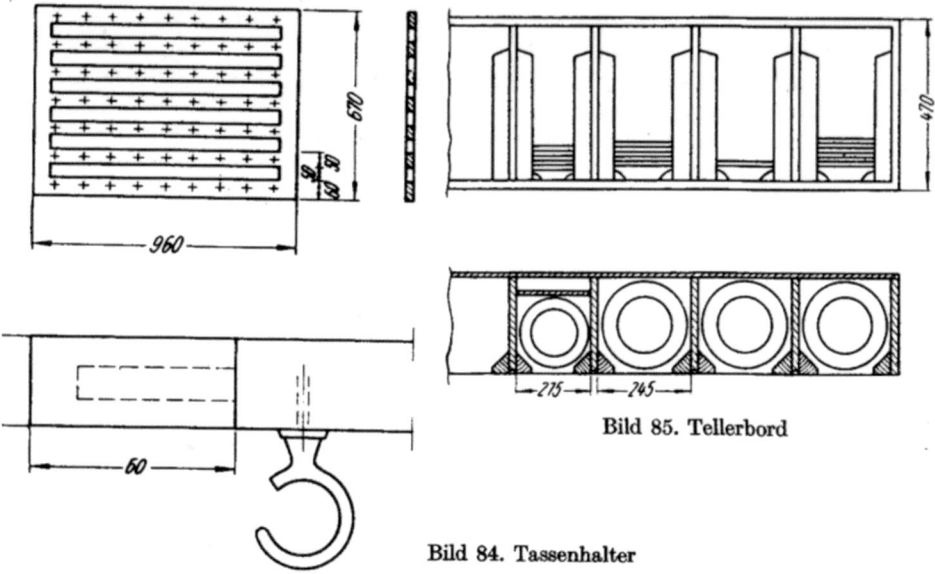

Bild 85. Tellerbord

Bild 84. Tassenhalter

9.110 Schiebetüren, Glasschiebetüren

Schiebetüren in Schränken laufen zwar am leichtesten auf dem Möbelschiebetürbeschlag mit Differentiallaufwerk; es ist aber fraglich, ob das bei den Bewegungen des Schiffes immer von Vorteil ist. Vorzuziehen sind deshalb bei nicht zu schweren Türen Hartholzleisten als Laufschienen, auf denen die Türen mit Nuten laufen. Um die Reibung zu verringern, werden nahe an den Enden der Nuten Hartholzklötze von einigen Zentimetern Länge eingelassen, die 1 oder 2 mm über den Nutgrund vorstehen.

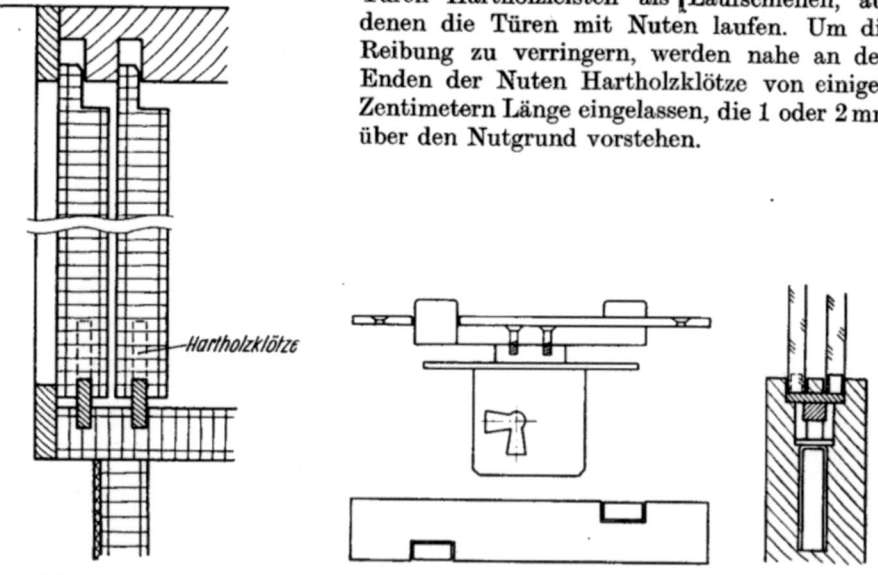

Bild 86. Schiebetüren

Bild 87. Verschlußvorrichtung für Glasschiebetüren

Glasschiebetüren

Die Nuten, in denen die Glasschiebetüren laufen, dürfen nicht zu breit sein, damit vermieden wird, daß das Glas beim Vibrieren des Schiffes klappert. Außerdem ist es ratsam, die inneren Seitenflächen der oberen Nuten mit Plüsch zu belegen. Sollen Glasschiebetüren verschließbar sein, ist ein besonderer Verschluß zu verwenden. Fehlt ein solcher, läßt sich auf jedes normale Einsteckschloß eine einfache Verschlußvorrichtung anbringen.
Bekanntlich werden die oberen Nuten für Schiebetüren tiefer genutet, um die Türen ausheben zu können. Damit das bei verriegelten Glasscheiben nicht möglich ist, dürfen die oberen Nuten nur in der Mitte über eine Glasbreite hinweg tiefer genutet werden.

9.2 Tische

Die Ausführung der Tische weicht je nach dem Verwendungszweck in vielen Teilen von der gebräuchlichen Bauart ab. Die üblichen vier Füße wären in den meisten Fällen hinderlich, weshalb frei stehende Tische fast ausschließlich der Größe entsprechend von einer oder mehreren Säulen getragen werden. In den Kabinen für Fahrgäste und Besatzung wird bei den oft engen örtlichen Raumverhältnissen die Möglichkeit ausgenutzt, die Tische an ein oder zwei Seiten anzubauen. In diesem Falle sind Konsolen vorteilhaft oder gar Klapptische zu verwenden. In Bild 90 ist ein Tisch an zwei Seiten angebaut, wobei die freischwebende Ecke von einer Konsole abgestützt wird.
An den Tischen sollen alle scharfen Kanten und Ecken vermieden werden. Die Größe der Tische ist in den meisten Fällen aus Platzmangel so knapp wie möglich zu bemessen, jedoch sind die Mindestmaße zu beachten (siehe die verschiedenen Tischarten).
Bild 93 zeigt die Konstruktion eines *Säulentisches*. Die *Platte* wird aus 20 mm-Tischlerplatten oder bei kleinen Tischen zur Holz- und Gewichtseinsparung besser aus dünnerem Sperrholz, das durch Anleimer verstärkt wird, gefertigt. Für Speisesäle, Restaurants, Kabinen der unteren Klassen und der Mannschaften sind die Platten aus praktischen Gründen mit 2 mm dickem Linoleum zu belegen. Für die Salons, die Kabinen der oberen Klassen und die Offizierskabinen werden die Platten furniert und poliert oder mattiert. Zum Schutze der Politur ist es ratsam, Tische besserer Ausführung mit Glasplatten zu belegen.

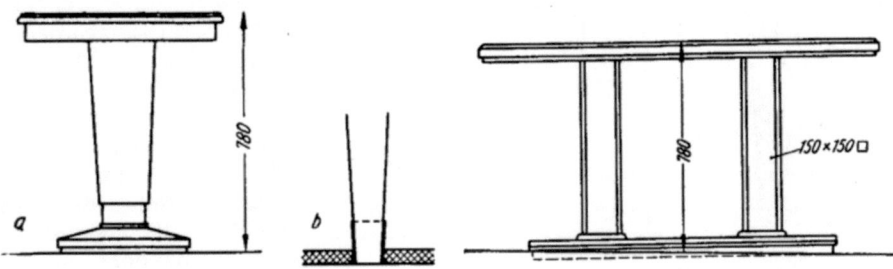

Bild 88. Tisch mit 1 Säule
a) Säule auf Sockel b) Säule im Metallschuh

Bild 89. Tisch mit 2 Säulen

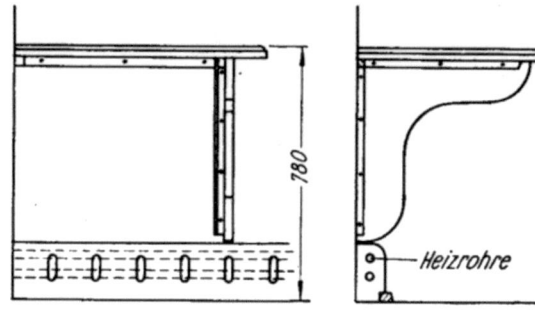

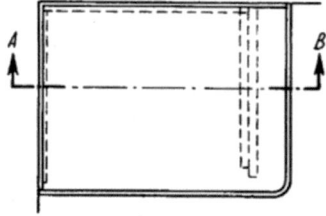

Bild 90. Angebauter Ecktisch mit Konsole

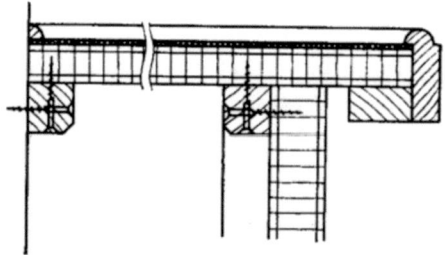

Bild 91. Detail zu Bild 90

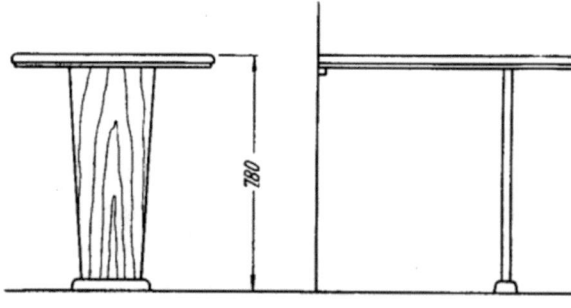

Bild 92. Angebauter Kabinentisch mit Stütze

Der Ausbildung der Tischkanten ist besondere Aufmerksamkeit zu schenken. Um zu verhindern, daß bei Bewegungen des Schiffes Gegenstände vom Tisch rollen oder gleiten, werden die Kanten mit profilierten, etwas überstehenden Leisten versehen, die gleichzeitig über den Belag oder das Furnier greifen müssen. Ist der Tisch mit einer Glasplatte belegt, muß die Leiste so hoch gemacht werden, daß sie die Glasplatte hält. Der überstehende Teil der Leiste kann an den Ecken einige Zentimeter ausgespart werden, um den Tisch leichter säubern und die Glasplatte anheben zu können. Fehlen diese Aussparungen etwa aus Schönheitsgründen, so ist in die Tischplatte ein Plattenheber einzubauen.
In sehr engen Räumen kommt es vor, daß der Heizkörper aus Platzmangel unter dem Tisch angebracht werden muß; dann ist unerläßlich, ein Gitterblech als Durchlaß für die aufsteigende warme Luft in der Tischplatte vorzusehen. Der Konstrukteur muß sich in diesem Falle erkundigen, wie groß der Heizkörper ist und wo das Handrad sitzt. Es kommt leicht vor, daß zu hohe Heizkörper projektiert werden, weil die Tischhöhe nicht berücksichtigt wurde; dann ist die Werft zu veranlassen, daß die Bauhöhe auf das erforderliche Maß reduziert

wird. Ist es nötig, die Handräder von oben zu bedienen, weil sie anders schlecht zu erreichen sind, muß das Gitterblech in einem klappbaren Rahmen liegen.

Zur Erhöhung der Stabilität ruht die Platte auf einem ausreichend dicken Kreuz, das in die Säule eingelassen wird.

Die *Säule* kann der Architektur des Raumes entsprechend in den verschiedensten Formen konstruiert werden, muß aber aus Gründen der Holzeinsparung und des Gewichts stets hohl sein. Bild 96 zeigt einige Möglichkeiten.

Die Säulendicke richtet sich nach der Größe des Tisches, sie soll aber nicht unter etwa 130 mm bemessen werden. Runde Säulen wirken im allgemeinen schlanker als eckige, was bei der Formgebung zu beachten ist. Der untere Teil der Säule ist zweckmäßig mit Linoleum zu belegen, da sonst die Politur bald abgetreten sein würde.

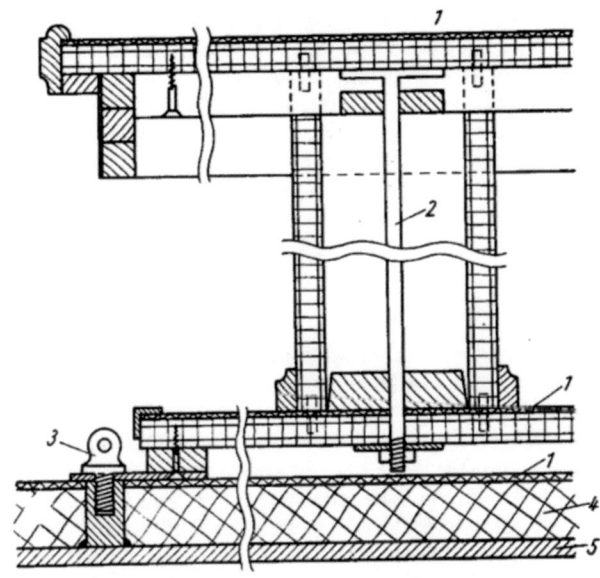

Bild 93. Detail für Säulentisch
1 = Linoleum, 2 = Tischbolzen, 3 = Zurrung, 4 = Litosilo, 5 = Eisendeck

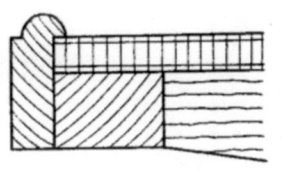

Bild 94. Tischplatte in Leichtbauweise

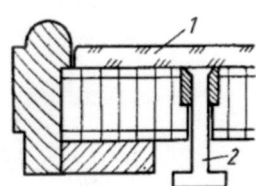

Bild 95. Tisch mit Glasplatte
1 = Glasplatte, 2 = Plattenheber

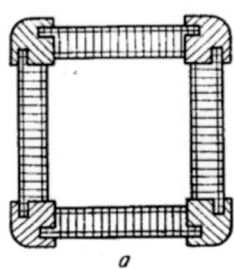 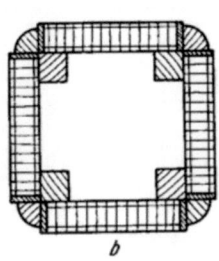 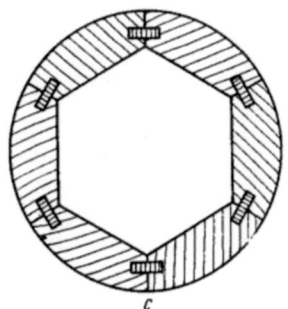

Bild 96. Schnitte durch Tischsäulen

Die Größe der Sockelplatte hängt ebenfalls von der Größe des Tisches ab. Die Platte kann nach Geschmack eben oder auch leicht abgeschrägt konstruiert werden. Sie ist in jedem Falle mit Linoleum zu belegen und die Kanten durch Sockelschienen aus Messing, Hydronalium oder Kunststoff zu schützen. Unter der Sockelplatte sind Leisten zum Anpassen an den Fußboden nicht zu vergessen. Sie müssen so hoch sein, daß Sprung oder Bucht ausgeglichen werden können. Tischplatte, Säule und Sockelplatte werden durch den Tischbolzen fest miteinander verbunden. Mittels Zurrbolzen wird der Tisch bei der Montage auf dem Fußboden festgeschraubt, so daß ein Kippen unmöglich ist. Tische mit 4 Beinen erhalten eine Zurrung mit Spannschloß.

9.21 Eßtische

Diese werden mit verstellbaren Schlingerleisten versehen, die so weit überstehen müssen, daß ein Heruntergleiten der Gedecke bei Seegang verhindert wird. Bei Nichtbenutzung werden die Schlingerleisten, die mit verschiedenen Spezialbeschlägen angeschlagen werden können, heruntergelassen, daß sie mit der Tischfläche bündig oder bei einfachen Tischen heruntergeklappt sind.

Eßtische haben eine mittlere Höhe von 780 mm und eine Größe von etwa 650 × 800 mm für 2 Personen, 800 × 800 mm für 4 Personen bei viereckigen Tischen. An einem runden Tisch von 900 mm Durchmesser haben 4 Personen Platz. Reihentische erfordern einen Platz von 600 mm je Person. Die vorstehenden

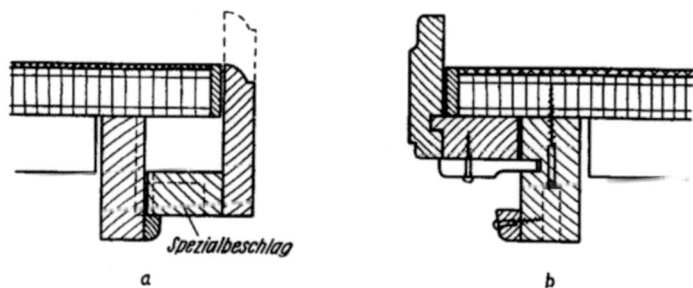

Bild 97a und b. Schlingerleisten

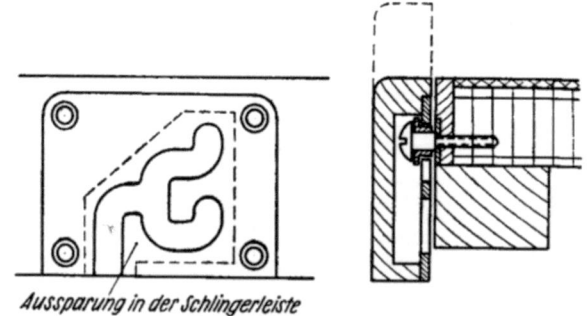

Bild 98. Schlingerleistenbeschlag

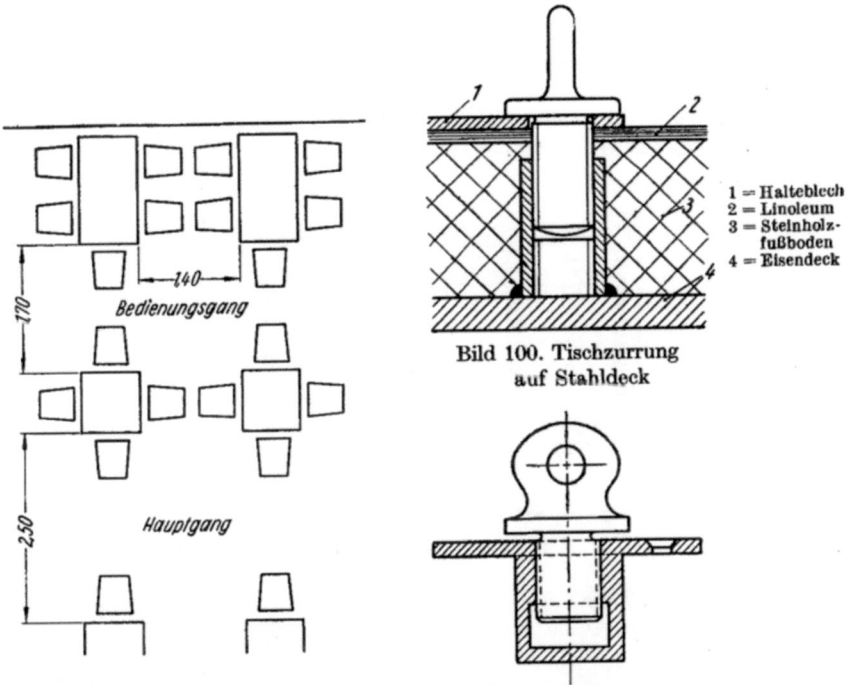

Bild 99. Anordnung von Tischen

Bild 100. Tischzurrung auf Stahldeck

1 = Halteblech
2 = Linoleum
3 = Steinholzfußboden
4 = Eisendeck

Bild 101. Zurrbeschlag für Tische zum Einlassen in Holzfußböden

Maße sind Mindestmaße, die aber aus Platzmangel kaum wesentlich überschritten werden sollten.

9.22 Rauchtische

Rauchtische haben eine Höhe von 650···700 mm, kommen Zargen zur Anwendung, ist jedoch auf Kniefreiheit (600 mm) zu achten. Die Größe kann selbst bei Tischen für 4 Personen auf 550×550 mm oder 600 mm ⌀ heruntergehen. Unter der Platte sind Aschenbecher schiebbar oder herausdrehbar anzubringen.

9.23 Lesetische

Lesetische in Bibliotheken oder Leseräumen dienen gewöhnlich nur als Ablage. Die Höhe ist etwa 700 mm, die Größe 600×600 mm oder 650 mm ⌀ aufwärts.

9.24 Schachtische

Schachtische werden in geringer Anzahl in Bibliotheken, Rauchsalons u. ä. vorgesehen. Sie sind in derselben Ausführung wie die anderen Tische des Raumes, jedoch erhält die Platte die Felder des Schachbretts aus geeigneten Furnieren (Ahorn. Palisander) als Intarsie. Zwei Schubkästen, innen mit Stoff ausgeschlagen, für die Figuren sind nicht zu vergessen.

9.25 Schreibtische

Schreibtische kommen für die Offiziere, die verschiedenen Büros und evtl. für Luxuskabinen in Frage. Größe und Bauart richten sich ganz nach den örtlichen Verhältnissen.
Bei einer Blattgröße von 1300×600 mm ··· 1500×700 mm erhalten die Schreibtische zwei Unterteile. Bei geringeren Längen bis etwa 900 mm herunter ist nur

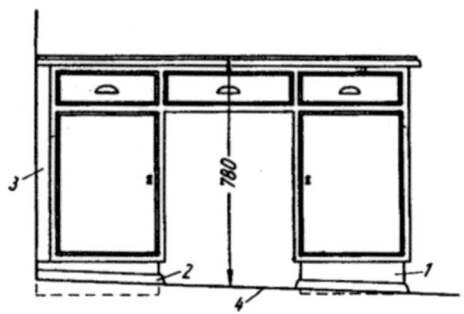

Bild 102. Schreibtisch mit zwei Unterteilen
1 = Sockel, 2 = Fegeleiste, 3 = Paßstück, 4 = Bucht oder Sprung

ein Unterteil möglich. Wenn auch das äußere Bild und die Einrichtung nicht von denen der üblichen Schreibtische abzuweichen brauchen, ist jedoch auf mancherlei zu achten.
Der Körper des Schreibtisches muß sich so weit zerlegen lassen, daß sich die Teile ohne Schwierigkeiten an den vorgesehenen Platz transportieren lassen. Die Breite der Gänge und der Türen ist dabei zu beachten.

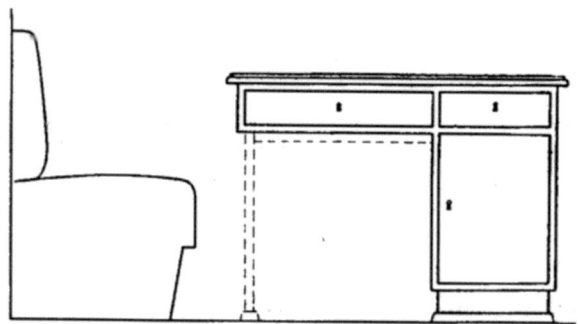

Bild 103. Schreibtisch mit einem Unterteil

Die Tiefe ist, wie aus den obigen Maßen ersichtlich, geringer. Deshalb werden Aufsätze, soweit Platz vorhanden, an die Wand geschraubt. Da die Schreibtische in den meisten Fällen mit der Rückseite angebaut werden, entfällt die Rückwand. Falls Rohre hinter dem Schreibtisch verlaufen, sind die unteren Schubkästen oder Züge entsprechend zu verkürzen. 150 mm Abstand von der Wand dürften gewöhnlich ausreichen.

Sämtliche Schubkästen, auch wenn sie verschließbar sind, erhalten Schnäpper. Fächer und Böden sind mit kleinen Schlingerleisten zu versehen.
Statt der Füße sind zur Vermeidung von Schmutzecken Sockel vorzuziehen. Ausnahmen können bei freistehenden Schreibtischen oder solchen mit hohen Beinen gemacht werden. In der Höhe erhalten die Sockel eine Zugabe von einigen Zentimetern je nach der Höhe von Bucht oder Sprung, damit die Tischplatte nach dem Anpassen im Mittel 780 mm hoch ist.
Wird der Schreibtisch auch an einer Seite angebaut, ist die Platte an dieser Seite ohne Profil um etwa 40 mm länger zu lassen und ein ebenso breites Paßstück an der Front vorzusehen, damit sich die Tür bei Vorhandensein von Zügen oder Schubkästen weit genug öffnen läßt.
Bei Schreibtischen mit *einem* Unterteil kann das freitragende Oberteil durch Beine abgestützt werden. Oft sind diese aber hinderlich, besonders wenn der Schreibtisch vor einem Sofa steht; in diesem Falle sind knaggenförmige Stützen vorzuziehen. Bei ausreichender Befestigung an der Wand kann auch auf jegliche Unterstützung verzichtet werden.

9.26 Abstelltische

Abstelltische für Stewards werden in Speisesälen und Messen an geeigneten Plätzen fest angebaut. Die Schubkästen erhalten mit Samt ausgeschlagene Einsätze für Bestecke.

9.3 Sitzmöbel

Die Ausführung der Sitzmöbel richtet sich nach dem Zweck und den örtlichen Verhältnissen. Wegen der oft engen Räumlichkeiten ist man genötigt, die Maße so

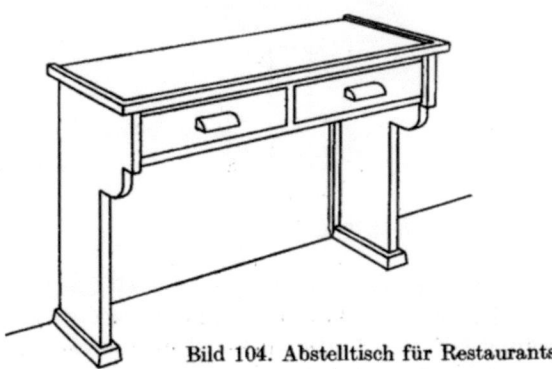

Bild 104. Abstelltisch für Restaurants

knapp wie möglich zu wählen; die Bequemlichkeit darf jedoch nicht darunter leiden. In Form, Holzart und Polsterung müssen sie sich dem Raum anpassen, für den sie bestimmt sind. Flachpolster mit Kunstlederbezug kommt für Mannschaftskabinen und Messen, Kabinen und Restaurants III. Klasse, Büros usw. in Frage, Hochpolster dagegen stets für Salons, Räume der Offiziere, Luxuskabinen, Kabinen I. Klasse u. ä.

9.31 Stühle

Stühle normaler Ausführung kann man vor dem Umkippen sichern, indem man sie zurrt, d. h. mit einem besonderen Beschlag, der Stuhlzurrung, derart auf dem Fußboden befestigt, daß sie sich noch etwa 10 cm in jeder Richtung bewegen lassen.

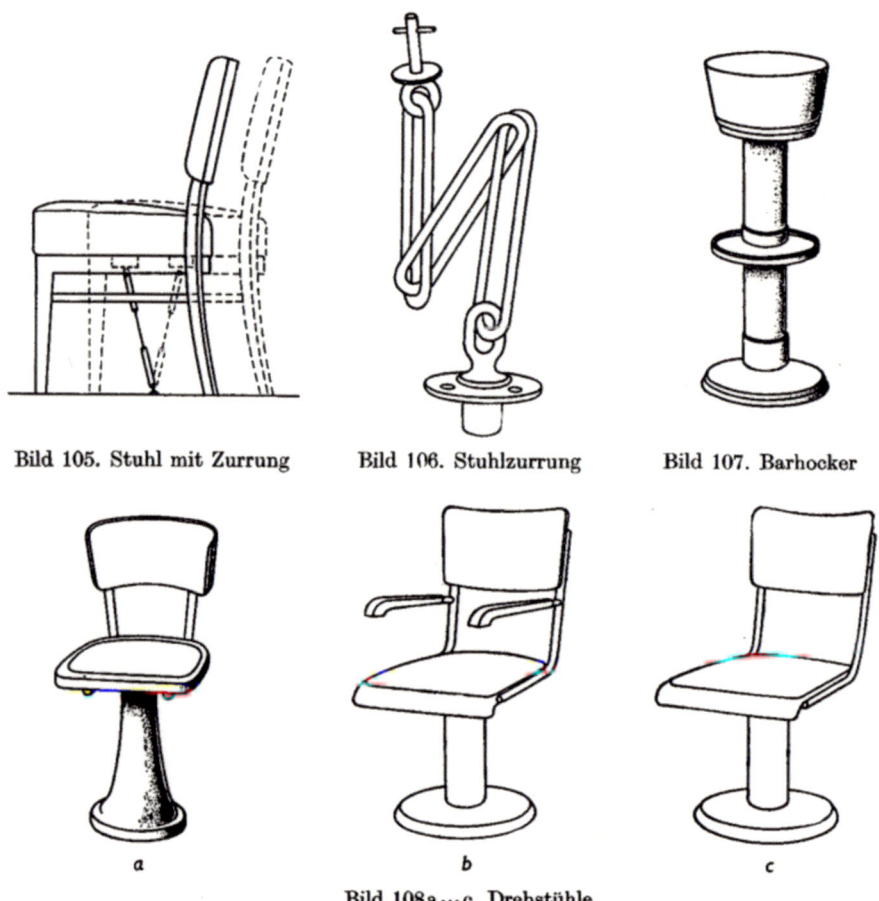

Bild 105. Stuhl mit Zurrung   Bild 106. Stuhlzurrung   Bild 107. Barhocker

Bild 108a···c. Drehstühle

Drehstühle auf Säulen, die z. B. für Mannschaftsmessen Verwendung finden, Friseurstühle und Barhocker müssen fest auf dem Fußboden verschraubt werden; eine direkte Verbindung mit dem Stahldeck ist stets anzuraten.

9.32 Sessel

Bei Sesseln verzichtet man häufig auf die Zurrung, weil ein Kippen wegen der Größe und des Gewichts nicht so leicht zu befürchten ist. Bei der Auswahl der Sessel ist besonders auf die Größe mit Rücksicht auf den vorhandenen Platz zu achten.

9.33 Sofas und Bänke

Da selten genügend Platz für frei stehende Sofas vorhanden sein wird, werden sie überwiegend fest an der Wand angebaut. Die Konstruktion weicht in diesem Falle stark von der üblichen Bauart ab. Zur leichten Säuberung der Räume erhalten sie statt der Füße geschlossene Sockel, in die, soweit die Sofas für Wohnräume bestimmt sind, zur Raumausnutzung Schubkästen eingebaut werden können. Da die Sofas auch bei vorhandener Bucht oder Sprung mit waagerechter

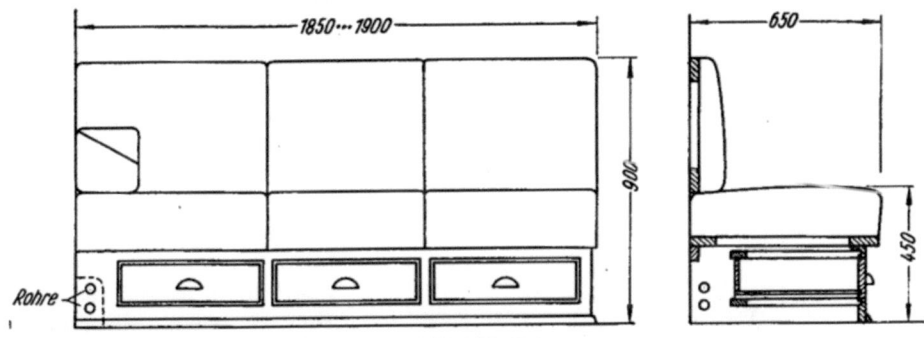

Bild 109. Sofa

Sitzfläche eingebaut werden, sind die Sockel so viel breiter zu fertigen, daß die Sitzhöhe nach dem Anschneiden in der Mitte 450 mm beträgt. (Länge: 500···600 mm je Person, Sitztiefe: 500···600 mm, Gesamttiefe durchschnittlich 650 mm.) In den Wohnräumen, vor allem in den Kabinen der Besatzung (Offiziere), sind die Sofas möglichst 1900 mm lang auszuführen und mit einem klappbaren Kopfteil zu versehen, damit sie auch zum Liegen benutzt werden können. Da die Liegefläche dann etwas schmal ist, können die Sofas in solchen Fällen so konstruiert werden, daß sich die Sitzpolster etwa 100···150 mm vorziehen lassen.

In Passagierkabinen mit gepolsterten Sofas kann man diese als Doppelschlafsofas ausbilden, indem die Rückenlehne ebenfalls hochgepolstert und nach oben klappbar ausgeführt wird, so daß eine weitere Schlafstätte geschaffen wird. Die aufgeklappte Rückenlehne wird entweder an der Decke mit Ketten festgemacht oder durch klappbare Metallstützen abgestützt. Damit der Benutzer des oberen Bettes nicht herausfallen kann, ist, wenn es für notwendig befunden wird, an der Seite ein Schutz anzubringen. Kojenleitern und Handgriffe an der Wand sind wie bei Doppelkojen vorzusehen.

Mannschaftsunterkünfte für mehrere Mann können Holzbänke oder Bänke mit Flachpolster erhalten, deren Unterbau als Backskisten ausgenutzt wird. Die Sitze sind dann klappbar.

9.34 Hocker

In engen Kabinen oder als zusätzliche Sitzgelegenheit kommt die Verwendung von Klappstühlen oder Klapphockern in Betracht. Es ist dann nicht zu vergessen, Platz für deren Unterbringung bei Nichtbenutzung vorzusehen.

Bild 110. Klapphocker

9.4 Kojen

Allgemein. Die Kojen werden grundsätzlich an der Wand und auf dem Fußboden befestigt, Kojenschotte (d. s. Holzwände zwischen zwei Kojen) und Pfosten bei Metallkojen auch an der Decke. Dort, wo die Kojen angebaut sind, fallen die Bettseiten fort, dafür werden Trageleisten für den Federboden oder Metallwinkel an die Wand geschraubt. Damit man bei starken Bewegungen des Schiffes nicht aus der Koje rollt, erhalten die Bettseiten durchweg hohe und lange Schatosen.

Der Ausbau der Kojen kann an Innenwänden längs- und querschiffs erfolgen. Für eine Anordnung an Außenwänden ist eine Sondergenehmigung erforderlich.

Einzelkojen erhalten die Offiziere und die Fahrgäste der Luxuskabinen und der I. Klasse.

Die Kabinen für Mannschaften und die Fahrgäste der II. und III. Klasse werden mit doppelstöckigen Kojen ausgestattet, da der Schiffsraum aus Rentabilitätsgründen möglichst ausgenutzt werden muß. Hierfür ist jedoch eine lichte Raumhöhe von 2100 mm Vorschrift. Die Höhe der Oberkante der unteren Koje beträgt etwa 400 mm. Zwischen den Kojen und von der oberen Koje bis zur Decke ist möglichst eine lichte Höhe von 850 mm einzuhalten. Für die Doppelkojen sind Kojenleitern vorzusehen, die bei Bedarf eingehängt werden oder am Fußende fest angebaut sind.

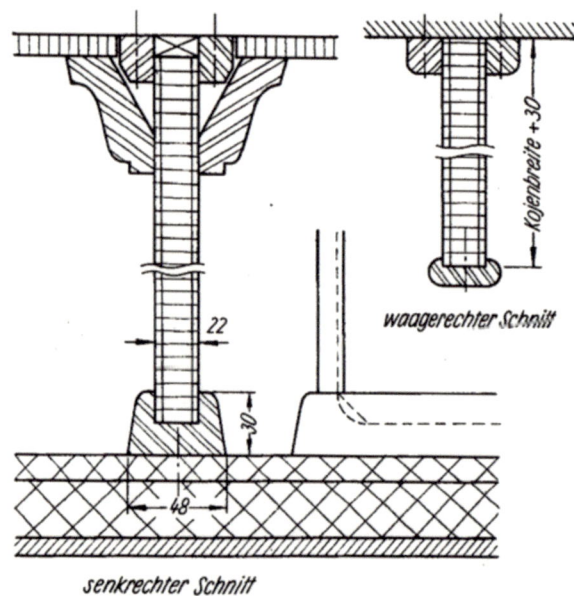

Bild 111. Kojenschott

Bild 112. Koje mit Unterbau für Offiziere

Der Raum unter der unteren Koje ist vor allem in den Kabinen für die Besatzung durch den Einbau von Schubkästen auszunutzen. Die Einzelkojen der Offiziere werden in engen Kabinen, in denen kein ausreichender Schrankraum vorhanden

ist, höher als gewöhnlich gebaut, so daß sich sogar niedrige Schränke unter den Kojen einbauen lassen.
Stehen Möbel an der freien Längsseite der Koje, dürfen diese nicht mehr als $\frac{1}{5}$ der Gesamtlänge einnehmen.

An den Wänden innerhalb der Kojen sind Wandschutzbretter anzubringen, Höhe 250 bis 300 mm. Alle Kojen, soweit sie sich nicht in separaten Schlafräumen befinden, was nur bei Luxuskabinen und in den Schlafräumen der höchsten Offiziere der Fall ist, erhalten Kojenvorhänge. Die in der Mitte geteilten Vorhänge lassen sich auf zweierlei Weise anbringen. Soweit die Decke über der Koje ohne Stufen ist, lassen sich Rilogaschienen verwenden. Häufig ergeben sich aber durch Rohre, Lüftungskanäle, Kabelbahnen u. ä. Stufen in der Decke; dann können die Vorhänge nur mit Gardinenringen auf Stangen (Holz oder Metall) laufen, die mit Vorhangstangenhalter an der Decke und an den Wänden angebracht sind. Bei Doppelkojen laufen die Vorhänge der unteren Koje auf Rilogaschienen, die unter der oberen Koje angebracht sind.

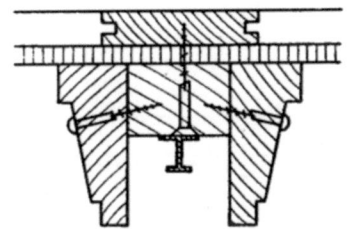

Bild 113. Vorhangkasten für Kojen

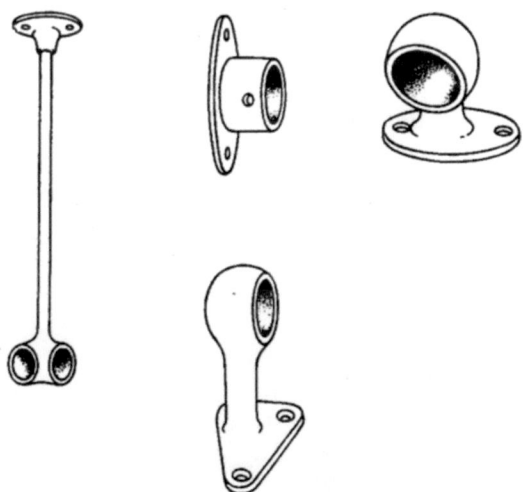

Bild 114. Vorhangstangenhalter

Bei Doppelkojen ist über der oberen Koje an der Wand ein Handgriff oder eine Schlaufe aus festem Material anzubringen. Unter der oberen Koje ist zum Schutz des darunter liegenden Fahrgastes vor Staub und wegen des besseren Aussehens feste Leinwand zu spannen. Zu jeder Koje gehören weiter: eine Stahldrahtmatratze, eine Schondecke, eine dreiteilige Auflegematratze mit Kopfkeil, eine Kojenleuchte, ein klappbarer Gepäckhalter und evtl. ein Spuckbecken, das in einem Kasten unter der unteren Koje untergebracht wird. Ein Rettungsgürtel läßt sich stets griffbereit in einer Aussparung der Auflegematratze unter dem Kopfkeil verstauen.

9.41 Metallkojen

Für die Mannschaften und die Fahrgäste der unteren Klassen werden Metallkojen, neuerdings aus Leichtmetall, bevorzugt. Sie bestehen aus Rohren und sind jeweils entsprechend den verschiedenen Anbaumöglichkeiten gebaut. Kojen aus

Stahl werden mit schlagfestem Lack gestrichen oder verchromt, solche aus Leichtmetall können in verschiedenen Farbtönen eloxiert werden. Sind Füllungen vorgesehen, können sie aus Metall oder Holz sein; polierte Holzfüllungen ergeben ein harmonisches Zusammenwirken von Metall, Holz und Stoff.

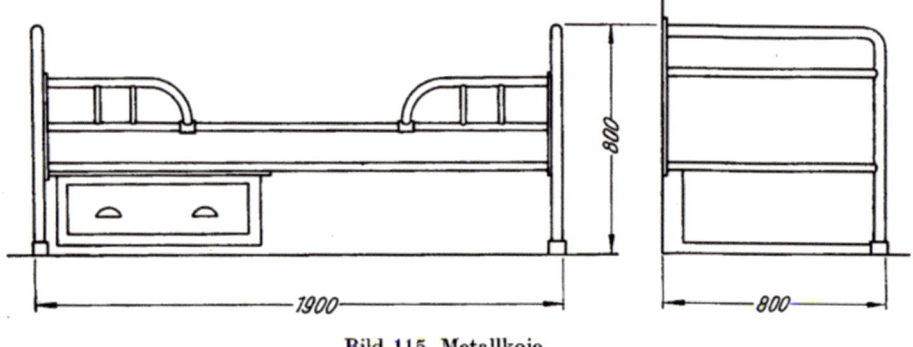

Bild 115. Metallkoje

9.42 Holzkojen

Für die Kabinen der oberen Klassen und der Offiziere, mindestens aber für die Luxuskabinen und die Schlafräume des Kapitäns, des leit. Ing. und des I. Offiziers kommen Betten aus Holz in furnierter und polierter oder mattierter Ausführung in Frage.

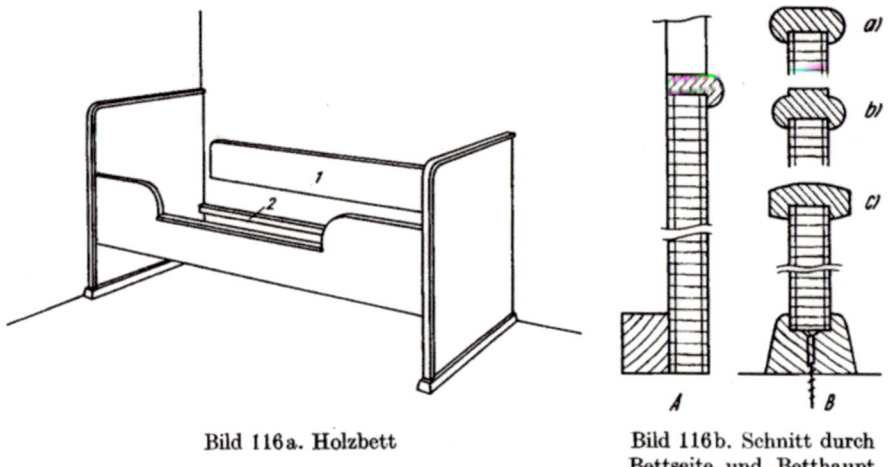

Bild 116a. Holzbett   Bild 116b. Schnitt durch Bettseite und Betthaupt

Es empfiehlt sich, die Bettkanten mit einem Kantenschutz zu versehen. In Bild 116 sind der Anbau einer Holzkoje und die Schnitte durch die Bettseite und das Kopfende dargestellt. Zwischen parallel angeordneten Kojen oder zwischen einer Kojenlängskante und einer Wand ist auf einen Mindestdurchgang von 700 mm bei Einzelkojen und 800 mm bei Doppelkojen zu achten.

9.43 Klappkojen

In engen Räumen oder zur Schaffung von Reserveschlafplätzen sind seitlich oder in der Längsrichtung klappbare Schrankbetten anzuraten. Bei der Verwendung solcher Betten ist darauf zu achten, daß keine Rohrleitungen o. ä. an den in Frage

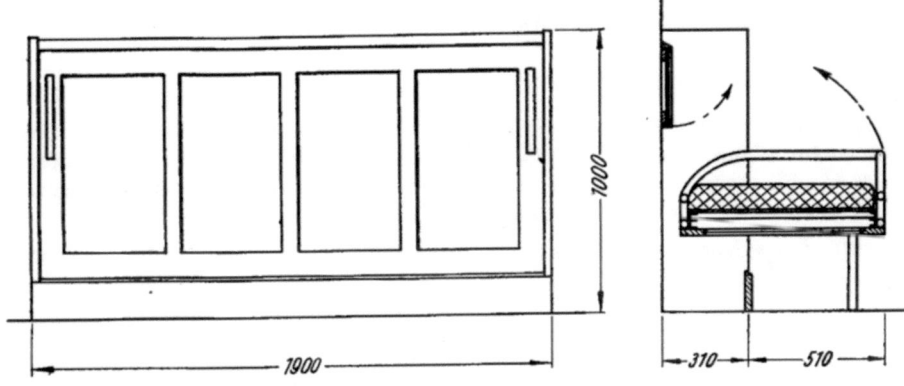

Bild 117. Klappkoje

kommenden Wänden laufen, auch ist die Berücksichtigung von Bucht und Sprung nicht zu vergessen.
Schwingkojen, die die Bewegungen des Schiffes bei Seegang zum Teil ausgleichen, werden für Hospitäler vorgesehen.
Maße der Kojen siehe Tabelle 2.

9.44 Kojenleitern

In den Kabinen selbst oder bei den Stewards stehen für die Doppelkojen leichte Kojenleitern aus Holz oder Leichtmetall zur Verfügung. Die Länge der Kojenleitern ist so zu bemessen, daß die Haken am oberen Ende über die Bettkante der oberen Koje greifen und die Leiter eine schwache Neigung hat.
Die Stufen werden mit Stoff bekleidet und die Haken mit einem Schutz, z. B. Igelit, bezogen, damit die Bettkanten geschont werden. Falls Kojenleitern in den Kabinen stationiert werden, muß für sie ein Platz, etwa in einer Nische zwischen Koje und Schrank, vorgesehen werden.
Bei Platzmangel sind zusammenschiebbare Kojenleitern zu empfehlen.

9.5 Musikinstrumente u. ä.

Musikinstrumente, Rundfunkempfänger- Musiktruhen und Lautsprechergehäuse sind in ihrer Form und Holzart jeweils dem Raum für den sie bestimmt sind, anzupassen. Für Flügel und Pianos sind gegebenenfalls der Pianofabrik die passenden Furniere mit Farbproben zur Verfügung zu stellen.

9.51 Flügel und Pianos

Ein *Konzertflügel* kommt nur für Musiksalons in Betracht. Die Aufstellung muß sehr gewissenhaft erfolgen: die Beine sind in „Schuhe" zu stellen, und eine haltbare Zurrung ist anzubringen.

Pianos kommen in Frage für Gesellschaftssalon, Offiziersmesse, Salon für Offiziere, Erholungsraum für Mannschaften, Kinderzimmer u. ä. Sie werden für Schiffe in Spezialgrößen geliefert. Für eine ausreichende Befestigung ist ebenfalls zu sorgen.

9.52 Musiktruhen und Rundfunkempfänger

Musiktruhen mit Rundfunkempfänger, 10fach-Plattenspieler und evtl. Hausbar können im Wohnraum des Kapitäns, im Salon für Offiziere und im Erholungsraum für die Besatzung vorgesehen sein. Die Festlegung der Anschlüsse an das Lichtnetz und die Antenne sind nicht zu vergessen.

Rundfunkempfänger kommen in Frage für Luxuskabinen, den leitenden Ingenieur und den I. Offizier. Anschlüsse wie vor.

9.53 Lautsprecher

In allen Wohnräumen, den Gesellschaftsräumen und vielfach auch in den Gängen sind Lautsprecher vorzusehen. Sie dienen gleichzeitig der Übertragung von Rundfunksendungen wie Bekanntmachungen der Schiffsleitung. Die Lautsprecherchassis werden entweder in Gehäusen untergebracht oder weniger auffällig in Wänden oder Decken eingebaut. Bei Verwendung von Gehäusen sind die Laut-

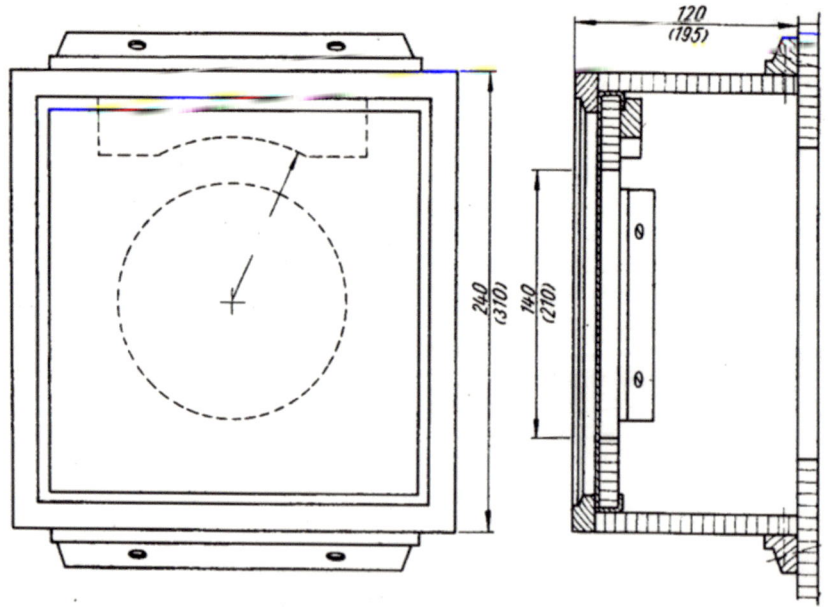

Bild 118. Lautsprechergehäuse

sprecher möglichst in der Wand einzulassen, damit das Gehäuse so flach wie möglich gehalten wird. Dieses ist dann entsprechend anzuschneiden.

Wie die Holzart der Gehäuse den Möbeln oder Wänden, so entspricht die Stoffbespannung der Dekoration des Raumes.

In den repräsentativen Räumen wird der Lautsprecher in die Architektur einbezogen. Wenn es möglich ist, baut man ihn an einem akustisch und architektonisch günstigen Platz in der Wand oder einen Pilaster ein. Manchmal ist auch der Einbau in die Decke vorteilhaft. Wenn der Raum auch eine Uhr erhält, sind Lautsprecher- und Uhrgehäuse einheitlich auszuführen. Für die Verlegung der Kabel ist der Bauwerft anzugeben, wo die Lautsprecher vorgesehen sind. Das gilt auch für die Lautstärkeregler, wenn diese nicht sich an den Gehäusen oder in deren unmittelbarer Nähe befinden. Besonders in den Großräumen wird man für den Lautstärkeregler zur bequemeren Bedienung leicht erreichbare Stellen wählen.

9.6 Leisten, Gesimse usw.

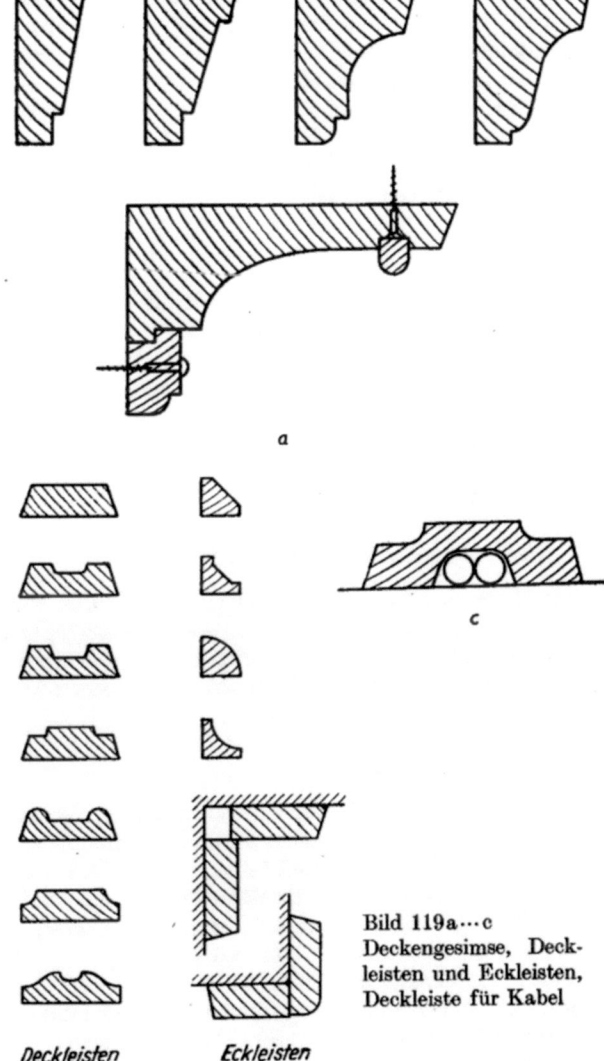

Bild 119a···c Deckengesimse, Deckleisten und Eckleisten, Deckleiste für Kabel

Die Form der Profile an den Möbeln, der Gesimse, Deckleisten, Fußleisten usw. wird sich stets nach der gewünschten Raumwirkung richten. Hier seien nur einige Beispiele gezeigt.

Es ist selbstverständlich, sämtliche Profile eines Raumes aufeinander abzustimmen; darüber hinaus ist aber darauf besonders zu achten, sie so zu bemessen, daß die jeweils dünnere Leiste von der stärkeren aufgenommen wird.

Für die Breite der Deckleisten sind 30 mm als normal anzusehen. Schmälere Leisten verdecken bei Plattenstößen nicht mehr die Verschraubungen, dagegen sind breitere Leisten nur dort zu wählen, wo die Linienführung oder eine Aufteilung besonders betont werden soll.
Um die Leisten möglichst leicht abnehmen zu können, was im Schiffbau im allgemeinen erforderlich ist, werden sie mit sichtbaren Schrauben befestigt, die in Hohlkehlen am unauffälligsten sind. Auf gleichmäßigen Abstand der Schrauben und saubere Arbeit ist stets zu achten.
Im Zuge der steigenden Verwendung von Leichtmetall im Schiffbau lassen sich auch mit Leisten und Profilen aus (meist eloxiertem) Hydronalium gute architektonische Wirkungen erzielen. Für einfachere Räume eignen sich auch stranggepreßte Kunststoffprofile.

9.7 Safes

Im Postraum und in den Räumen für Handgepäck und Wertsachen ist je ein Geldschrank aus Stahl aufzustellen.
In den Schreibtischen des Kapitäns, des Leit. Ingenieurs, des I. Offiziers, des Schiffszahlmeisters, des Oberstewards u. ä. sind eingebaute Geldkassetten aus Stahl mit Sicherheitsschlössern vorzusehen.

10 Dekorationen

10.1 Polster- und Tapezierarbeiten

Sämtliche in einem Raum verwendeten Stoffe, wie Fensterdekorationen, Kojen- und Türvorhänge, Möbelstoffe, auch Leder- oder Kunstlederbezüge, Teppiche, Tapeten usw. sind in Art, Farbe und Muster natürlich aufeinander und auf den Raum, d. h. auf die Möbel, Farbe der Wände und auf die gewünschte Raumwirkung abzustimmen.

10.11 Polsterarbeiten

Für die Polsterung der Sitzmöbel ist bestes Material besonders sorgfältig zu verarbeiten; die Bezüge müssen wegen der hohen Beanspruchung sehr strapazierfähig sein. In den Gesellschaftsräumen, den Kabinen der oberen Klassen und den Offizierskabinen kommt nur Hochpolster in Frage, während für die Räume der Mannschaften und der III. Klasse Flachpolster verwendet werden. Die Rücken- und Armlehnen sind entsprechend zu polstern.
Vor dem Polstern der Sofas ist es ratsam, die Gestelle an Bord anzupassen, besonders wenn sie zwischengebaut werden oder eine gebogene Form haben, da sonst beim späteren Einbau durch Maßdifferenzen unangenehme Änderungen erforderlich werden können (siehe auch den Abschnitt: Sitzmöbel).

10.12 Tapezierarbeiten

Papiertapeten kommen an Bord wegen ihrer geringen Haltbarkeit nicht in Frage, statt deren wird abwaschbarer PVC-Wandbelag, der sehr widerstandsfähig und stoßfest ist, mit Vorteil verwandt. Beim Tapezieren ist darauf zu achten, daß die

Wandflächen völlig plan und ohne Risse und Löcher sind, weil jede Unebenheit auch bei 1,2 mm dickem Belag unschön in Erscheinung tritt. Werden die Stoßfugen der Bahnen mit Leisten abgedeckt, ist schon beim Entwurf des Raumes die Breite der Bahnen (1300 mm) zu berücksichtigen.
Stoff als Wandbespannung wird nach Entwurf auf 10 mm dicke Sperrholzplatten gespannt, die Platten werden dann an das hierfür vorgesehene Wandgerippe geschraubt und die Fugen mit Leisten verdeckt. Es ist zu empfehlen, nur die oberen Wandflächen über einem etwa 800 mm hohen Paneel mit Stoff zu bespannen.
Die Ausführung von Teppichbelägen ist schon im Abschnitt „Fußbodenbelag" beschrieben.

10.13 Vorhänge und Gardinen

Die Fenster erhalten als Bekleidung meist zweischalige Vorhänge mit oder ohne Querschal, bei höheren Ansprüchen in Gesellschaftsräumen, Offizierskabinen, Luxuskabinen usw. dazu Stores, gelegentlich auch Wolkenstores. Zur Abdunkelung der Räume werden häufig Springrollos vorgesehen. Für Tropenfahrt erhalten die Bullaugen und Fenster einen „Moskito-Einsatz".
Mit Vorhängen versehen werden weiterhin: Kojen, wenn Wohn- und Schlafraum nicht getrennt sind, Waschnischen und nach Forderung auch Türen, insbesondere Türen, die von einem Raum auf das Freideck führen.
Für die Anbringung der Vorhänge bevorzugt man die bewährte Riloga-Vorrichtung. Die Schienen laufen gewöhnlich in Gardinenkästen oder in Deckennischen; bei der Anbringung direkt unter der Decke werden sie durch breitere Leisten zum Raum hin verdeckt. Die Lösung dieser Frage hängt ganz von der jeweiligen örtlichen Situation ab. Ihr ist in Großräumen ganz besondere Aufmerksamkeit zu schenken, da hier viele Möglichkeiten der Gestaltung gegeben sind. In letzteren lassen sich häufig mehrere Fenster dekorativ zu Gruppen zusammenfassen, die Fensterkästen und die Dekorationen sind dann entsprechend auszuführen.

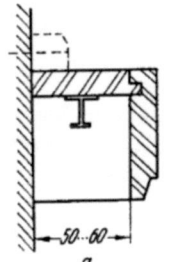 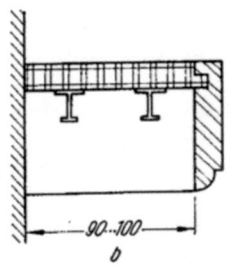 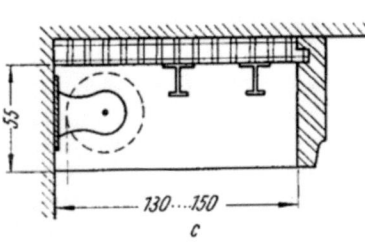

Bild 120. Gardinenkästen

a = für Vorhang, b = für Store und Vorhang, c = für Rollo, Store und Vorhang

Durch die knappen örtlichen Verhältnisse gezwungen oder verleitet, werden die Gardinenkästen bei der Verwendung der Riloga-Vorrichtung oft zu eng gemacht, insbesondere bei größeren Breiten oder, wenn Vorhänge mit Querschals und Gardinen oder gar Wolkenstores zusammen angebracht werden sollen. Für Vorhänge allein sind die Kästen mindestens 50 mm, für Vorhänge mit Gardinen mindestens 90 mm tief auszubilden.

Dort, wo Riloga-Schienen nicht verwendet werden können, weil mehr oder weniger große Stufen in der Decke vorhanden sind, müssen die Vorhänge an Ringen, die auf Stangen laufen, angebracht werden. Die Stangen, polierte Hartholzstangen oder Metallrohre, mit einem Durchmesser von 22 mm werden durch besondere Vorhangstangenhalter gehalten, die für die verschiedenen Anbringungsmöglichkeiten hergestellt werden (Bild 114).
In aufgezogenem Zustand werden die Vorhänge durch Raffbänder oder passende Schnüre, die in Raffhaken gehängt werden, seitlich zusammengehalten.

10.2 Malerarbeiten

Der farbigen Gestaltung der Wände und Decken kommt im Schiffsinnenausbau eine besondere Bedeutung zu. Die harmonische Abstimmung der Farbtöne kann die Raumstimmung entscheidend beeinflussen. Im allgemeinen sind helle Töne zu bevorzugen, da wir bemüht sein müssen, die Wirkung der räumlichen Enge, besonders der geringen Deckenhöhe, zu mildern.
Alle Techniken, die wisch- und wasserfest sind, können in ihren vielfältigen Möglichkeiten der gewünschten Raumwirkung entsprechend angewendet werden. Während einfache Gänge und Räume gewöhnlichen Anstrich erhalten, können Gesellschaftsräume z. B. in Schleiflack, Plastikfarbe oder Reißlack ausgeführt werden. Vergoldungen wirken festlich, sind aber äußerst sparsam anzuwenden, um eine protzige oder aufdringliche Wirkung zu vermeiden. Im übrigen ist auf die übliche fachgerechte Ausführung zu achten, es sind nur feuerhemmende Farben zu verwenden. Eisenteile sind gründlich zu entrosten und vor dem eigentlichen Anstrich mit Mennige (Eisenrostschutzanstrich) zu streichen.
Ein besonderer Spezialanstrich ist der Korkbewurf. Er hat die Aufgabe, als Wärmeisolationsschicht z. B. an nicht besonders isolierten Stahlwänden oder Decks die Schwitzwasserbildung zu verhindern. Kork von einer Korngröße bis 5 mm wird mit einem Bindemittel auf die zu isolierende Fläche gebracht und nach dem Trocknen mit Öllackfarbe einmal gespritzt oder gestrichen.

10.3 Bilder, Plastiken, Schmiedearbeiten

Große Bilder, Ölgemälde, Wandmalereien oder Gobelins werden stets an bevorzugten Stellen angebracht sein. Sie verlangen eine auf Bild und Wand abgestimmte Einfassung und architektonische Einbeziehung in die gesamte Wandfläche. Die Bilder sind fest mit der Wand zu verbinden.
Kleinere Bilder müssen ebenfalls in Größe, Motiv und Rahmen auf den Raum abgestimmt sein. Sie erhalten oben und unten mindestens je eine Öse, durch die sie fest an die Wand geschraubt werden. Büsten und Plastiken sind so aufzustellen, daß sie auch bei Seegang nicht gefährdet sind. Ihre Befestigung auf Konsolen oder Postamenten muß ausreichend stabil sein.
Gut ausgeführte Schmiedearbeiten können, richtig angewandt, ein willkommenes Schmuckelement sein, doch sollen sie, schon aus Gewichtsgründen, sparsamst verwandt werden [1]).

---

[1]) Abbildungen siehe Schiff und Hafen **1953**, H. 11, S. 579; **1954**, H. 6, S. 364.

10.4 Spiegel

Zum praktischen Gebrauch werden Spiegel in Kleiderschränken, an Frisiertoiletten und über Waschbecken benötigt.
Für mehr dekorative Zwecke finden größere Spiegel, auch mehrteilige, gern in Vestibülen und Gesellschaftsräumen Verwendung. Sie sind sorgfältig und sicher mit der belegten Seite auf Blindrahmen, die mit weichem Stoff bezogen sind, anzubringen. Reichen die Spiegel sehr tief, ist an gefährdeten Stellen der untere Teil durch dekorative Gitter oder Stangen zu schützen.

10.5 Blumenschmuck

Es ist natürlich nicht ratsam, auf einem Schiff Blumentöpfe vor die Fenster oder Vasen auf die Tische zu stellen, da sie bereits bei dem geringsten Seegang herunterfallen würden. Wohl aber ist es möglich, Pflanzen in verkleidete Zinkkästen zu setzen, die an gegebenen Plätzen in Vestibülen oder Salons aufgestellt werden können. In Frage kommen nur Pflanzen, die wenig Licht zu ihrem Gedeihen nötig haben. Schnittblumen lassen sich in Wandvasen verwenden.

11 Elektrische Anlagen

11.1 Beleuchtung

Die künstliche Beleuchtung ist heutzutage fast ausnahmslos elektrisch, Petroleumlampen werden nur noch für den Notfall vorgesehen.
Mit Rücksicht auf die besonderen Bedingungen auf einem Schiff, wie die niedrigen Raumhöhen, die Bewegungen des Schiffes und die Vibration, mußte die Entwicklung der Schiffsleuchten eigene Wege gehen. Von einer Schiffsleuchte verlangt man außer der Erfüllung der beleuchtungstechnischen Bedingungen: besonders solide Ausführung, Korrosionsbeständigkeit, sichere Anbringung und leichte Auswechselungsmöglichkeit der Glühlampen. Die Form muß dem Zweck und dem Charakter des Raumes entsprechen.
Beim Entwurf der Räume darf nicht vergessen werden, den Lichtbedarf, d. h. die Anzahl und Größe der Beleuchtungskörper, mit dem zuständigen Elektroingenieur zu besprechen. Der Verlauf der Leitungen, besonders in den Wänden, und die Lage der Leuchten, der Schalter und Steckdosen ist zu klären und festzulegen.

11.11 Deckenleuchten

Die Deckenleuchten sind flach gehalten und werden fest an die Decke geschraubt, wobei u. U., auf jeden Fall aber bei stehenden Fassungen, der obere Teil der Leuchte in der Decke eingelassen wird. Hierbei ist besonders darauf zu achten, daß beim Einbau keine Decksbalken im Wege sind.
Bei größerer Wärmeentwicklung muß für genügende Entlüftung gesorgt sein. Für hohe repräsentative Räume kommen, den architektonischen Absichten entsprechend, Deckenleuchten in Sonderanfertigung in Betracht.

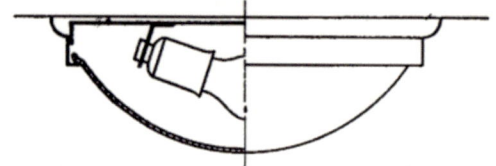

Bild 121. Einflammige Deckenleuchte

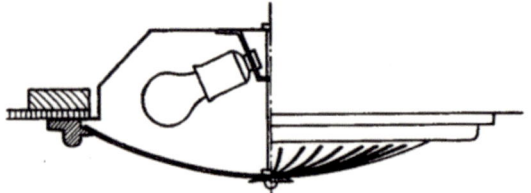

Bild 122. Mehrflammige Deckenleuchte

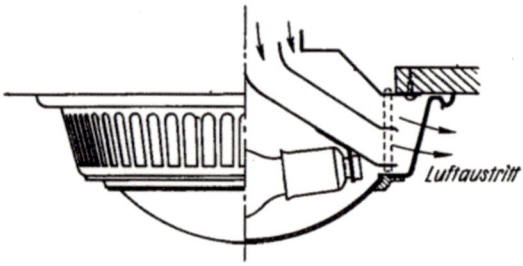

Bild 123. Deckenleuchte, mit Lüfter kombiniert

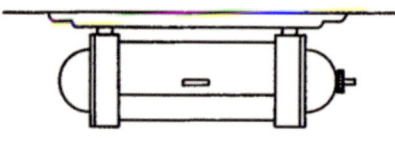

Bild 124. Kojenleuchte

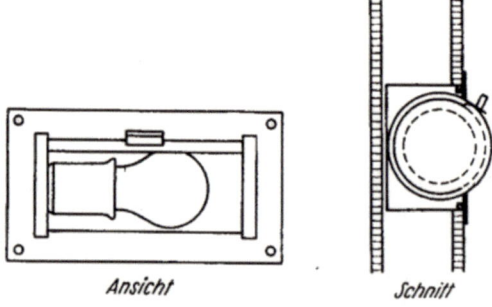

Bild 125. Kojenleuchte, eingebaut

Eine besondere Ausführung von Deckenleuchten ist die Kombination der Leuchte mit Austrittsöffnungen für die Lüftung (Anemostat). Bei Verwendung dieser Leuchte ist der Verlauf der Lüftungskanäle zu berücksichten (siehe diese).

11.12 Wandleuchten

Wandleuchten werden hauptsächlich in größeren Gesellschaftsräumen besonders zur Beleuchtung von Sitzgruppen und in Vestibülen verwandt. Sie können bei richtiger Auswahl und Verteilung an den Wänden die Stimmung und die architektonische Wirkung des Raumes wesentlich erhöhen.

Die genaue Lage der Wandleuchten ist wegen der Anschlüsse schon beim Entwurf zu bestimmen und den Schiffselektrikern anzugeben. Da die Wandleuchten infolge der oft geringen Deckenhöhen verhältnismäßig niedrig angebracht werden müssen, ist bei der Auswahl der Gläser darauf zu achten, daß die Glühlampen nicht zu sehen sind.

In Gängen sind Wandleuchten nur mit Vorsicht anzuordnen; abstehende Wandarme müssen auf jeden Fall vermieden werden, damit man sich nicht an den Kopf stößt.

11.13 Kojenleuchten

An jeder Koje ist neben oder besser nach Möglichkeit über dem Kopfende eine Kojenleuchte anzubringen. Hierbei sind zwei Ausführungen zu unterscheiden: die auf die Wand geschraubte und die in die Wand eingelassene Kojenleuchte. Ihre Lage ist für die Verlegung der Kabel, bei der eingelassenen Leuchte auch für den Wandausschnitt, genau zu bestimmen.

11.14 Tischlampen

Tischlampen müssen so gebaut sein, daß der Schwerpunkt möglichst tief liegt und auch bei Seegang genügende Standsicherheit gewährleistet ist. Der Fuß ist nicht zu klein, jedoch ausreichend schwer zu fertigen.
Verwendung finden Tischlampen in Salons, Bibliotheken, in den Kabinen der oberen Klassen und auf Schreibtischen.
Praktisch für Kabinen sind Lampen mit klappbarem Ständer, wodurch sie bei ruhiger See als Stehlampen und bei starkem Seegang als Wandleuchten benutzt werden können.

11.15 Leuchtstoffröhren

Die Beleuchtungstechnik an Bord stützte sich bis vor kurzer Zeit noch im wesentlichen auf die Verwendung von Metallfadenlampen. Erst in jüngster Zeit werden für manche Zwecke Niederspannungs-Leuchtstofflampen bevorzugt[1]).

Bild 126. Steh- und Wandlampe

Die Leuchtstofflampe ist die modernste Lichtquelle. Ihre entscheidenden Vorteile sind die hohe Lichtausbeute, das nahezu völlige Fehlen der Blendung und die Möglichkeit, die Lichtfarbe wählen zu können.
Während man gezwungen ist, die Glühlampe wegen der großen Leuchtdichte durch ein besonderes Glas abzuschirmen, um eine Blendung zu verhindern, ist bei der Leuchtstofflampe die Blendwirkung so gering, daß man vielfach auf eine Abdeckung verzichten kann.
Die Glühlampe strahlt im Vergleich zum Tageslicht nur gelblichweißes Licht aus. Lediglich die sogenannten Tageslicht-Glühlampen geben ein tageslichtähnliches Licht. Mit den zur Verfügung stehenden Leuchtstoffen kann man in der Praxis die Leuchtstofflampe in jedem gewünschten Farbton herstellen. Das BGW (VEB R-F-T Glühlampenwerk Berlin) fertigt zur Zeit folgende vier Standard-Farbtöne:

HNT = tageslichtweiß,
 entspricht dem Tageslicht; Farbunterschiede lassen sich mit Sicherheit unterscheiden, Zwielicht wird vermieden.

HNW = neutralweiß,
 gibt ein dem Sonnenlicht sehr nahekommendes Licht, hat jedoch nicht den kalten Ton der Typs HNT

---

[1]) Beleuchtungsanlagen auf Seeschiffen: Schiff und Hafen **1956**, H. 2, S. 107.

HNG = gelblichweiß,
   gibt ein den Glühlampen ähnliches Licht.

HNI = Warmton,
   geeignet für Gesellschaftsräume, Vestibüle und dekorative Zwecke.

Die der Leuchtstofflampe eigentümliche hohe Lichtausbeute wird durch die typische Rohrform bei einer Länge von etwa 1 m und einem Rohrdurchmesser von etwa 30 mm erreicht. Die höchste Lichtausbeute von etwa 45···50 lm/W (Lumen je Watt) haben die Typen HN 120 und HN 202. Der Lichtstrom der Type 120 (25 Watt) entspricht dem einer Glühlampe von 100 Watt.

Die Leuchtstofflampen werden für 220 V und zum Betrieb mit Wechselstrom gebaut. Neu entwickelt wurden U-förmige Leuchtstofflampen von 25 und 40 Watt für Sonderfälle.

Bei der Projektierung sind die Längen der Röhren und die Größe der Kontaktsockel zu beachten. Es ist ferner zu berücksichtigen, daß vor *jede* Leuchtstofflampe eine entsprechende Vorschaltdrossel geschaltet werden muß, die in einem 90 mm hohen, 110 mm langen und 95 mm breiten Kasten untergebracht wird. Sie ist unsichtbar, aber leicht erreichbar, am günstigsten in unmittelbarer Nähe der Leuchtstoffröhre einzubauen.

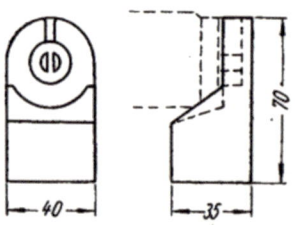

Bild 127. Kontaktsockel für Leuchtstoffröhren

Tabelle für BGW-Niederspannungs-Leuchtstofflampen

Typ	Watt	Größenmaße in mm	
		⌀	Länge (ohne Kontaktstifte)
HN 50	14	36	470
HN 80	20	36	720
HN 120	25	36	970
HN 120 U	25	36	410
HN 202	40	39	1200
HN 202 U	40	39	525

Anmerkung: HNW = neutralweiß, HNG = gelblichweiß, HNT = tageslichtweiß, HNI = Warmton.

Da die Drosselspulen im Betrieb einen leichten Summton erzeugen, müssen sie bei Verwendung vieler Röhren in einem Raum so eingebaut werden, daß der im Verhältnis der Anzahl der Röhren vervielfachte Summton nicht störend wirkt.

11.16 Petroleumlampen

Als Notbeleuchtung und auf kleinen Schiffen ohne eigene Kraftanlage werden Petroleumlampen besonderer Konstruktion verwandt. Sie sind kardanisch aufgehängt, und der Zylinder trägt eine Schutzkappe.

11.2 Alarmanlage

Elektrische Alarmglocken oder Hupen werden in den Großräumen und in den Gängen nach einem bestimmten Plan angebracht. Wenn auch die Anzahl und die Verteilung festliegen, wird der Architekt bestrebt sein, die sich meist nicht in den Raum fügenden Alarmgeräte möglichst unauffällig unterzubringen. In repräsentativen Räumen lassen sie sich vorteilhaft in der Wand oder in der Decke hinter Stoffbespannung einbauen.

11.3 Feuermelder

Sämtliche Räume erhalten thermostatische Feuermelder. In Kabinen genügt im allgemeinen ein Stück; dagegen werden Gesellschaftsräume mit mehreren Feuermeldern ihrer Größe entsprechend versehen. Die Anzahl ist dem elektrischen Projekt zu entnehmen. Sie sollen möglichst an der höchsten Stelle der Decke, in Nähe der Türen und nicht in unmittelbarer Nähe einer Deckenleuchte oder des Austritts eines Lüfterkanals angeordnet werden, damit sie nicht durch die Wärme der Glühlampen oder die kühlende Luft in ihrer einwandfreien Funktion beeinflußt werden. In der Deckenkonstruktion sind die Einbaumöglichkeiten vorzusehen.
Hier seien auch die Handfeuermelder erwähnt, die an leicht erreichbaren Stellen in den Gängen, Vestibülen und auf dem Freideck gut sichtbar angebracht werden.

11.4 Telefone

Die Anzahl und Verteilung der Telefone, die an die Betriebs- oder Verkehrstelefonanlage angeschlossen sind, sind im Projekt festgelegt. Der Architekt muß aber jeweils angeben, wo diese installiert werden sollen. Das betrifft insbesondere die Großräume. Tischapparate werden festgeschraubt oder zumindest durch Leisten am Gleiten verhindert.

11.5 Uhren

Auf den Schiffen werden mechanische und elektrische Uhren verwandt. Sie sind selbstverständlich an gut sichtbarer Stelle anzubringen.
Mechanische Uhren mit einem Metall- oder Kunststoffgehäuse genügen für einfache Räume. In Räumen mit besserer Ausstattung, z. B. in dem Wohnraum des Kapitäns und in den Gesellschaftsräumen, erhalten die mechanischen und die elektrischen Uhren (Nebenuhren) ein der Einrichtung entsprechendes Gehäuse.
Werden elektrische Uhren vorgesehen, so sind Angaben über den vorgesehenen Platz für die Verlegung der Kabel zu machen.

11.6 Aufzüge

Größere Fahrgastschiffe erhalten in den Haupttreppenhäusern elektrische Personenaufzüge, deren Schachtwände in hohem Maße feuerisoliert sein müssen. Die Wandanschlüsse und die Ausführung der Türen müssen genau abgesprochen

werden. Für Wirtschaftsgüter liegen Aufzüge in der Nähe der Wirtschaftsräume.
Kombüsen und Speiseräume, die in verschiedenen Decks liegen, werden durch Speiseaufzüge verbunden (auch mit Handbetrieb).

11.7 Kühlschränke

Außer Anrichten und Küchen erhalten Kühlschränke auf Wunsch auch der Wohnraum des Kapitäns, des Leit. Ingenieurs und die Luxuskabinen.
Während die Kühlschränke in den Anrichten frei stehen, werden sie in den Wohnräumen aus architektonischen Gründen eingebaut. Hierbei sind unbedingt verschiedene notwendige Voraussetzungen für eine einwandfreie Funktion der Kühlschränke zu beachten.
Kleinkühlschränke oder sonstige mit luftgekühlten Aggregaten arbeitenden Kühlschränke sind so aufzustellen, daß eine gute Luftzirkulation für die Kühlaggregate gewährleistet ist. Der Abstand der Rückwand der Schränke von der Wand muß mindestens 100···120 mm betragen, damit die Kühlluft ungehindert vom Ventilator des Kühlaggregates angesaugt bzw. abgeführt werden kann. Umkleidungen der Schränke oder Nischen sind so groß auszuführen, daß die Montage und Einregulierung sowie der elektrische Anschluß der Kühlaggregate ohne Schwierigkeiten möglich sind. Bei Betriebsstörungen muß an alle wichtigen Teile heranzukommen sein. In den Umkleidungen sind ausreichend große Öffnungen für die erforderliche Luftmenge zur Kondensatorkühlung vorzusehen. Bei Verwendung von Vorhängen dürfen diese auf keinen Fall die Lufteintrittsöffnungen verdecken.
Kühlschränke und Kühlaggregate dürfen nie in der Nähe von Heizkörpern, Heißwasserbereitern usw. aufgestellt werden.
In jedem Falle ist es ratsam, sich vor Beginn der Entwurfsarbeiten mit dem Konstruktionsbüro der Werft über die beabsichtigte Art der Aufstellung und des Um- oder Einbaus zu beraten.

11.8 Ventilatoren

Für die Tropenfahrt werden die Kabinen mit Tischventilatoren ausgestattet.

11.9 Kabel, Schalter, Steckdosen, Klingelknöpfe

Bis zu den Abzweigdosen laufen die Kabel, in Kabelbahnen zusammengefaßt, unter der Decke und gewöhnlich in den Gängen. Bei der Konstruktion der Deckenwegerung ist der Querschnitt der Kabelbahnen zu berücksichtigen. Die Verlegung der Kabel von den Abzweigdosen zu den Leuchtkörpern, Lautsprechern, Schaltern und Steckdosen erfolgt möglichst innerhalb der Wände oder der Deckenwegerung. Ist dies nicht möglich, werden die Kabel durch Leisten, die dem Raum angepaßt sind, abgedeckt. Wo die Leisten das architektonische Bild stören könnten, ist der Verlauf der Kabel vor der Verlegung mit dem Elektriker abzusprechen.
Die Schalter sind an günstiger Stelle in etwa 1400 mm Höhe, die Steckdosen und Klingelknöpfe, wo sie benötigt werden, zu montieren. In besseren Räumen sind nach Möglichkeit die sogenannten Unterputz-Schalter und Steckdosen zu verwenden. Für den Anschluß von Staubsaugern werden Steckdosen über der Fußleiste angebracht.

12 Schiffsheizung

Auf Schiffen haben wir mit folgenden Arten von Heizungsanlagen zu rechnen:
1. Dampfheizung, 2. Warmwasserheizung, 3. elektrische Heizung und 4. Warmluftheizung.

Für Schiffe, die überwiegend in wärmeren Zonen verkehren, kommt im allgemeinen die mit geringen Anlagekosten und Gewichten verbundene Elektroheizung in Frage. Die teure und schwere, aber im Betrieb wirtschaftlichste Warmwasserheizung ist für die überwiegend in kalten Zonen verkehrenden Schiffe am besten geeignet. Die einfachere, mittelschwere Dampfheizung wird für die meisten Schiffe gewählt, die in Zonen normalen Klimas fahren. Bei der Wahl des Heizungssystems spricht zuweilen die Frage mit, ob das Schiff Dampf-, Diesel- oder dieselelektrischen Antrieb hat, u. a. m.

12.1 Dampfheizung

Für die Dampfheizung und Warmwasserheizung werden vorzugsweise Radiatoren, in Einzelfällen auch gerade einfache Rohre oder Rippenrohre als Heizkörper verwendet. Wir haben in der Hauptsache mit einreihigen Radiatoren oder Sternheizkörpern zu rechnen. Die Heizkörper werden in einfacher Ausführung mit perforierten Blechen verschiedenster Muster verkleidet. In Gesellschaftsräumen, Salons, Luxuskabinen u. ä. werden die Heizkörperverkleidungen möglichst in die Wandverkleidung einbezogen und nach besonderen Entwürfen ausgeführt. Auf ausreichende Isolierung der Innenflächen und gute Luftzirkulation (Leitbleche) ist zu achten.
Die längs der Wand verlaufenden Heizungsrohre werden auf freien Strecken ebenfalls mit perforierten Blechen verkleidet. Da sie aber oft durch Möbel laufen oder anderweitig störend wirken können, muß sich der Innenarchitekt stets für ihren Verlauf interessieren und sie schon bei Beginn der Entwurfsarbeiten, bei der Konstruktion der Möbel und Wandtäfelungen berücksichtigen.
Führen Rohrleitungen an Holzwänden entlang oder durch Möbel hindurch, muß der Abstand vom Holz mindestens 40 mm betragen. Möbel sind durch Asbest zu schützen, für Entlüftung ist zu sorgen. Führen die Rohrleitungen durch Holzwände, muß der Wandausschnitt allseitig mindestens einen Abstand von 50 mm haben. Der Zwischenraum wird zweckmäßig mit Isoliermaterial ausgefüllt und mit einer Blechblende abgedichtet.
Aus den Heizungs- und Rohrleitungsplänen der Werft entnehmen wir die Lage der Heizkörper und den Verlauf der Rohre. Wünschen wir aus architektonischen, konstruktiven oder anderen Gründen Änderungen, so sind diese Wünsche mit der Werft zu besprechen und das Ergebnis festzulegen.

12.11 Konvektoren

Die Leistung der Zentralheizung wird neuerlich durch die Verwendung von Konvektoren wesentlich gesteigert. Während beim Radiator die Wärme dem Raum teils durch Strahlung, teils durch Konvektion zugeführt wird, erfolgt die Wärmeübertragung beim Konvektor fast ausschließlich durch Luftumwälzung.

Der Konvektor besteht im wesentlichen aus einem Heizrohr oder mehreren mit zahlreichen Stahllamellen umgebenen Heizröhren, wodurch eine relativ große Heizfläche auf kleinstem Raum erreicht wird. Der Einbau dieser Konvektoren erfolgt grundsätzlich in Verbindung mit einer Verkleidung, die als Schacht ausgebildet sein muß und zur Erzielung einer höheren Wärmeleistung, im Gegensatz zu einer Radiatoren-Verkleidung, unbedingt erforderlich ist.

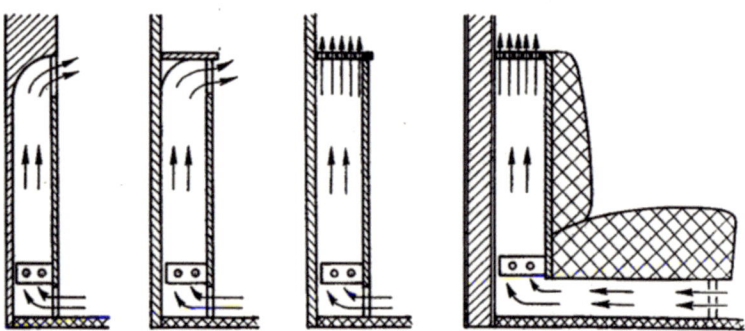

Bild 128. Einbaumöglichkeiten von Konvektoren

Die Wirkungsweise der Konvektoren in Verbindung mit einer Verkleidung entspricht der eines Schornsteins, so daß eine schnellere Umwälzung der Raumluft erfolgt und eine rasche und gleichmäßige Raumerwärmung erreicht wird. Die Luftumwälzung ist dabei etwa 7 mal so groß wie bei den üblichen Heizkörpern. Außer diesen und anderen Vorteilen ist der Konvektor-Raumheizkörper wegen seines außerordentlich geringen Gewichts den bisher bekannten Radiatoren überlegen und daher besonders zur Verwendung auf dem Schiff geeignet. Auch architektonisch fügt er sich unauffälliger ein als diese.

12.2 Klimaanlage

Die Klimaanlage gehört heute schon zum nicht mehr wegzudenkenden Bestandteil eines jeden Fahrgastschiffes. Allerdings ist es noch nicht allgemein üblich, daß jede Fahrgastkabine an sie angeschlossen wird. Vielmehr beschränkt man sich vielfach noch darauf, nur die Gesellschaftsräume zu klimatisieren. Der Einbau der Klimaanlage, an die alle Wohnräume angeschlossen sind, stellt den Konstrukteur vor zahlreiche Aufgaben. Es ist sehr schwer, Temperatur und Feuchtigkeit in den vielen kleinen Räumen zu kontrollieren und zu steuern, und es wird fast unmöglich, wenn in den Kabinen die Fenster geöffnet sind. Außerdem ist es schwierig, die Wärmeverluste und die Schwitzwasserbildung in den langen Rohrleitungen klein zu halten.

12.3 Elektrische Heizung

Da die Heizkörper der elektrischen Heizung gewöhnlich schon mit einer Verkleidung geliefert werden, kommt eine solche nach besonderem Entwurf nur für Räume in Frage, an die höhere Ansprüche gestellt werden. Es gilt für sie das gleiche, was über die Verkleidung der Radiatoren gesagt wurde. Die genaue Lage der Heizkörper ist dem Elektrotechniker anzugeben oder mit ihm abzusprechen, wenn es nötig ist, auch die Zuleitung der Kabel.

Angaben über das System der Heizung, die notwendigen Querschnitte und der vorgesehene Verlauf der Kanäle sowie die Größe, Anzahl und gewünschte Lage der Austritte sind den Projektierungsplänen zu entnehmen oder beim zuständigen Lüftungsingenieur einzuholen. Rücksprachen mit diesem sind in jedem Falle notwendig.

13 Lüftung

Die Lüftungsanlagen bilden einen wesentlichen Bestandteil der Ausrüstung eines modernen Schiffes, denn eine ausreichende und zweckmäßige Be- und Entlüftung, Heizung und Klimatisierung an Bord ist von größter Wichtigkeit für das körperliche Wohlbefinden der Fahrgäste und Besatzungsmitglieder. Deshalb erhalten sämtliche Wohn- und Aufenthaltsräume eine natürliche oder künstliche Lüftung, die die erforderliche Zufuhr frischer Luft und den Abzug der verbrauchten Luft auch bei geschlossenen Bullaugen, Türen usw. gewährleistet. Kombüsen, Toiletten und Bäder erhalten vielfach nur künstliche Abluft.

Für die Räume in den Aufbauten reicht häufig die natürliche Lüftung durch *Kammerlüfter*, die in den Außenwänden knapp unter der Decke angebracht werden, aus. Raumseitig werden die Öffnungen durch Lüftungsrosetten oder Lüftungsschieber, mit denen man den Luftzutritt regulieren kann, abgedeckt. Soweit die architektonische Wirkung berücksichtigt werden muß, ist die genaue Lage und Anzahl zu ermitteln oder festzulegen.

Die gebräuchlichste Art, die Räume ausreichend zu be- und entlüften, ist die *künstliche Lüftung* durch ein System von Kanälen, durch das Exhaustoren die Luft drücken oder saugen.

Der lüftungstechnische Vorgang interessiert hier weniger, wohl aber die Kanäle, die meist unter der Decke, d. h. als Hauptkanäle unter, als Abzweigungen auch zwischen den Decksbalken verlaufen und durch ihre Ausmaße (800 mm Breite und 150 mm Höhe sind keine Seltenheit) die Raumgestaltung, insbesondere natürlich die Ausbildung der Decke, erheblich beeinflussen können.

An dem errechneten Querschnitt der Kanäle läßt sich nichts ändern, jedoch ist auf eine möglichst geringe Höhe zu dringen, um die Raumhöhe so wenig wie möglich zu beeinträchtigen. Der Verlauf der Kanäle ist nach Möglichkeit so einzurichten, daß eine harmonische Ausbildung der Decke erreicht werden kann.

Die Austritte der Kanäle können verschiedenartig ausgebildet und angeordnet sein.

1. Bei unverkleideten Kanälen in untergeordneten Räumen werden die Öffnungen nur mit einem Drahtgitter versehen.

2. *Kugellüfter*, durch die man Stärke und Richtung des Luftstroms regulieren kann, verwendet man hauptsächlich in Kabinen.

3. Neuartig ist die Kombination des regulierbaren Lüftungsaustritts mit einer Deckenleuchte (siehe diese).

4. Münden Lüftungskanäle in Ausschnitte der Decke oder seitlich in Deckenstufen, werden die Öffnungen durch Lüftungsschieber abgedeckt.

5. Austrittsöffnungen in den Wänden werden mit Gitterblechen o. ä. verkleidet.

In den beiden letztgenannten Fällen liegen die Querschnitte der Austritte ebenfalls fest, doch ist die Wahl des Formats in geringen Grenzen möglich.
Durch die zunehmende Forderung nach höherem Luftwechsel, besonders bei Schiffen in Tropenfahrt, nahmen auch die Kanalquerschnitte zu, was sich nicht nur räumlich auswirkte, sondern auch die Gefahr der Feuer- und Rauchausbreitung vergrößerte. Durch eine Neuentwicklung, die mit einer relativ hohen Pressung arbeitet – das „HI-Preß-System" der Nordisk Ventilator Co., Naestved (Dänemark) –, ist es möglich, den Querschnitt der Luftrohre auf etwa $1/_{10}$ des Querschnitts der bisher üblichen Kanäle zu vermindern. Dieses Lüftungssystem hat daher die großen Vorteile der Platzeinsparung und der hohen Feuersicherheit.

14 Isolierungen

Über die verschiedenen Isolierungsarten werden von der Bauwerft Isolierungspläne angefertigt, aus denen der Architekt oder Konstrukteur das für ihn Wissenswerte entnimmt. Besonders interessiert die Stärke der Isolierung, weil sie die Stärke der Wände und somit die lichten Raummaße nicht unwesentlich beeinflussen kann.
Im folgenden ist das Wichtigste über die verschiedenen Isolierungsarten und ihre Verwendung zusammengestellt.

14.1 Wärmeisolierung

Die Außenhaut, die Außenwände der Decksaufbauten und die Decken unter freiem Deck einschließlich der zugehörigen Gänge im Bereich von Wohn-, Gesellschafts- und Wirtschaftsräumen erhalten eine Wärmeisolierung in der notwendigen Dicke, ebenso Wände, Decken und Böden von Wärmequellen wie Bäckereien sowie Proviant- und Kühlräume.

14.2 Schallisolierung

Alle an Kabinen, Gesellschaftsräumen, Büros usw. grenzenden Wände von Räumen mit Geräuschquellen (sanitäre Anlagen usw.) werden gegen Schall isoliert. Ferner sind folgende Räume schalldicht zu isolieren: Funkraum, Rundfunk-Übertragungsraum, Umformerstationen, automatische Fernsprechanlagen, Klimaanlagen, Operationsraum u. ä.

14.3 Feuerschutzisolierung

Auf einem Schiff wird auf die Feuersicherheit größter Wert gelegt, weil ein Schiffsbrand sich bei genügender Nahrung durch hölzerne Wände und Möbel, Textilien und andere leicht brennbare Stoffe schnell ausbreitet und schon oft zahlreiche Opfer gefordert und zum völligen Verlust des Schiffes geführt hat. Deshalb ist man bestrebt (siehe Schiffssicherheitsvertrag 1948, London), Trenn- und Gangwände, die Wegerung der Stahlwände und möglichst auch die Einrichtung der Räume aus nicht brennbaren oder schwer entflammbaren Stoffen herzustellen.

Die Wände, die Wegerungen einschließlich der Unterkonstruktionen, die Treppen und einfache Möbel werden heute in zunehmendem Maße in Leichtmetall ausgeführt. Versuche, auch nicht- oder schwer brennbare Kunststoffe in größerem Maße zu verwenden, haben zu nennenswerten Ergebnissen geführt. Feuerschutzisolierungen erhalten nach einem „Feuerschutzplan" z. B. die Hauptfeuerschotte, die Wände der Maschinenschächte, alle Türen in den Feuerschotten und folgende Räume: Kino, Filmlager, Steuerhaus, Sekretariat, Notsenderaum, Räume für Wertsachen der Fahrgäste, Fernsprechzentrale, Funkraum und ähnliche Räume, die besonders gegen Feuer gesichert sein müssen oder in denen feuergefährliche Stoffe lagern.

15 Tabellen

15.1 Raumbedarf

Anhaltswerte für die Planung in m² Grundfläche je Person, je nach Schiffstyp.

Speisesaal I. Klasse	1,5···1,8
„ II. „	1,3···1,4
„ III. „	1,2···1,3
Offiziersmesse	1,5···1,8
Mannschaftsmesse	1,0···1,2
Gesellschaftssalon	1,5···2,0
Rauchsalon	1,5···1,8
Musik- und Tanzsalon	2,2···2,5
Bibliothek	1,0···2,0
Luxuskabine (ohne Bad)	5,0···7,0
Kabine I. Klasse mit Einzelbetten, 1···2 Pers.	4,0···5,0
„ II. „ „ Doppelbetten, 2···4 „	2,0···3,0
„ III. „ „ „ 4···8 „	1,8···2,0
Wohnraum für Kapitän und Leit. Ingenieur	9,0···15,0
Schlafraum für Kapitän oder Leit. Ingenieur	6,0···10,0
Offizierskabine mit Einzelbetten und Sofa	5,5···7,0
„ „ „ ohne Sofa	4,5···6,0
Mannschaftskabine mit Doppelbetten	3,0···4,0
Sanitätsräume mit 1 Koje	$\geqq$ 6,0
„ „ 2 Kojen	$\geqq$ 9,0
für jede weitere Koje	3,0
Bäder	3,5
Frisierraum, je Sessel	2,0
Küchen mit Nebenräumen bis 100 Pers.	0,6
„ „ „ „ 200 „	0,4
„ „ „ „ 300 „	0,48
„ „ „ „ 600 „	0,33
„ „ „ „ 1000 „	0,30

(Bem.: Bei 300 Personen steigt der Raumbedarf durch eine andere Organisation des Küchenbetriebes. Es kommen etwa Gemüseputzräume und Bäckerei hinzu)

Anrichte bis 100 Pers.	0,04
„ „ 200 „	0,02

15.2 Abmessungen der Möbel (ca-Maße in mm)

Kleiderschränke	Höhe ohne Schubkasten		1800
	Höhe mit Schubkasten		1950
für II. und III. Klasse und Mannschaften		400 breit,	550 tief
für I. Klasse und Offiziere		500···700 ,,	600 ,,
Nachtschränke	600 hoch	400 ,,	350 ,,
Bücherschränke		270···300 ,,	
Tische	Platzbedarf am eckigen Tisch................		600
	,, ,, runden ,, ...		550
Eßtische	Höhe		780
für 2 Personen		800 lang,	650 breit
,, 4 ,, ...		800 ,,	800 ,,
		oder 900 ⌀	
,, 6 ,,	ohne Kopfsitz	1750 lang,	800 breit
	mit ,, ...	1450 ,,	800 ,,
		oder 1250 ⌀	
,, 8 ,,	ohne Kopfsitz	2500 lang,	800 breit
	mit ,, ...	2050 ,,	800 ,,
		oder 1400 ⌀	
Rauchtisch	Höhe		600···650
für 4 Personen............................		≧ 550 × 550 oder 600 ⌀	
Lesetische	Höhe je nach Sesselhöhe		600···700
für 4 Personen............................		≧ 600 × 600 oder 650 ⌀	
Schreibtische	Höhe		760
mit 2 Seitenkörpern		1300···1500 lang,	600···700 tief
mit 1 ,, ...		900···1100 ,,	600···650 ,,
Sitzmöbel			
Stuhl		440 Sitzhöhe,	450 breit, 500 tief
Armlehnstuhl..................		440 ,,	530 ,, 570 ,,
kleiner Sessel..................		400 ,,	620 ,, 670 ,,
Klubsessel		350 ,,	750 ,, 800 ,,
Schlafsofa....................		440 ,,	1900 ,, 700 ,,
Liege .... 400 Sitzhöhe,		1850···1900 lang,	700···800 breit
Kojen			
für Kapitän und Leit. Ingenieur		1950···2000 lang,	1000 breit
,, Offiziere		1900 ,,	750···800 ,,
,, Mannschaften		1850 ,,	700 ,,
,, Luxuskabinen		1950 ,,	800···900 ,,
,, Kabinen I. Klasse		1900 ,,	750···800 ,,
,, ,, II. ,, ...		1900 ,,	700···750 ,,
,, ,, III. ,, ...		1850···1900 ,,	650···700 ,,
,, Kinder		1100 ,,	600 ,,
Klavier .... 1300 hoch,		1450···1550 breit,	650···700 tief
Flügel .... 1100 ,,		1500 ,,	1600 ,,
Teller			⌀
Tiefe und flache Teller			240
Dessertteller			210
Untertassen			150

Gläser	h	⌀
Sektglas	200	95
Weißweinglas	160	75
Rotweinglas	150	70
Südweinglas	130	50
Cocktailglas	120	80
Likörglas	100	30

Flaschen	h	⌀
Sektflasche	320	80
Weißweinflasche $\frac{3}{4}$ l	360	75
Rotweinflasche $\frac{3}{4}$ l	310	70
Eßbestecke, größte Länge	240	

15.3 Gewichte

Werkstoffe

Holz, lufttrocken, im Mittel
- Kiefer .... 600 kg/m²
- Eiche .... 860 ,,
- Buche .... 750 ,,
- Birke .... 640 ,,
- Esche .... 700 ,,

Sperrholz, im Mittel
- 3 mm dick .... 2,4 kg/m²
- 4 ,, ,, ... 2,8 ,,
- 5 ,, ,, ... 3,4 ,,
- 6 ,, ,, ... 4,0 ,,
- 8 ,, ,, ... 4,8 ,,
- 10 ,, ,, ... 5,8 ,,
- 15 ,, ,, ... 9,0 ,,
- 20 ,, ,, ... 10,0 ,,
- 22 ,, ,, ... 12,0 ,,
- 25 ,, ,, ... 13,0 ,,
- 30 ,, ,, ... 15,0 ,,

Furnier mit Leim .... 0,6 ,,
Hartfaserplatten, 4 mm dick .... 3,5···5,0 kg/m²
(Plattengröße 1500 × 3600 mm)
Linkrusta (auf PVC-Basis) .... 1,0···1,8 ,,
Linoleum, 1 mm dick .... 1,3 ,,
Igelit, 1 mm dick .... 1,95 ,,
Decelith, 2 mm dick .... 2,9 ,,
Asbest, 1 mm dick .... 0,5 ,,
Glas, 1 mm dick .... 2,5 ,,
,, 4/4 2,3 mm dick .... 5,7 ,,
,, 6/4 3,0 ,, dick .... 7,5 ,,
,, 8/4 3,8 ,, dick .... 9,5 ,,
Litosilo, 40 mm dick .... 42,0 ,,
Korkplatten, 10 mm dick .... 3,0 ,,
Korkbewurf, 10 mm dick .... 5,0 ,,
Teppich .... 2,0···3,0 ,,
Läufer .... 1,2···1,5 ,,

Wände

Hohlwand, 40 mm dick	12,5 kg/m²
Wand, einseitig mit 10 mm dicken Sperrplatten gewegert	8,5 ,,
Leichtmetallwand ohne Abdeckung	5,2 ,,
(zuzüglich Sperrholzes oder Hartfaserplatten)	
Leichtmetallwand, 40 mm dick, beiderseits mit Hydronalium abgedeckt	10,5 kg/m²

Decken

Blindholzdecke	4,0···5,0 kg/m²
(zuzüglich Platten)	
Leichtmetalldecke	4,5 kg/m²

Türen

Außentür, massiv Eiche	30,0···40,0 kg/m²
Kabinentür in Leichtbauweise (Holz)	38,0···40,0 kg
,, ,, Leichtmetall (Blatt)	20,0 ,,

Möbel (Gewichte wegen der verschiedenen Ausführungsmöglichkeiten nur als Anhalt)

Kleiderschränke, eintürig	in Holz	in Leichtmetall
ohne Seiten, ohne Schubkästen	20,0 kg	22,0 kg
mit ,, ,,	25,0 ,,	25,0 ,,
Für jede weitere Tür 120% mehr		
mit 1 Seite, ohne Schubkästen	30,0 ,,	25,0 ,,
mit ,, ,,	35,0 ,,	28,0 ,,
Für jede weitere Tür 70% mehr		
mit 2 Seiten ohne Schubkästen	40,0 ,,	28,0 ,,
mit ,, ,,	45,0 ,,	31,0 ,,
Für jede weitere Seite 70% mehr		

Nachtschrank .... 12 kg

Tische, Plattengröße in mm

Salontische	700/700	mit 1 Säule		28 kg
	800 ⌀	,, 1 ,,		28 ,,
	1000 ⌀	,, 1 ,,		45 ,,
	700/1200	,, 2 ,,		45 ,,
	700/1800	,, 2 ,,		65 ,,
	700/2500	,, 3 ,,		100 ,,
Speisetische	800/800	,, 1 ,,		35 ,,
	900 ⌀	,, 1 ,,		35 ,,
	800/1300	,, 2 ,,		60 ,,
	800/1900	,, 2 ,,		85 ,,
	800/2500	,, 3 ,,		115 ,,
Schachtisch	600/600	,, 1 ,,		18 ,,
Kabinentische	600/950	,, Stütze		15 ,,
	700 ⌀	,, 1 Säule		22 ,,
	600/700	,, 1 ,,		22 ,,
	600/800	,, 1 ,,		25 ,,
	600/1000	,, 1 ,,		28 ,,
	600/1200	,, 2 ,,		38 ,,
	600/1400	,, 2 ,,		43 ,,

Schreibtische für Offiziere

1300/600 mit 2 Schränken	60 kg
1050/600 ,, 1 Schrank	48 ,,

Schreibtischaufsatz 1000/180	5···8 ,,
Bücherbord	5···8 ,,

Sitzmöbel

Polsterstuhl	6,0···10,0 kg
Armlehnstuhl	9,0···12,0 ,,
Sessel	15,0···35,0 ,,
Drehstuhl	15,0···20,0 ,,
Drehsessel	20,0···25,0 ,,
Hocker	4,5··· 5,5 ,,
Klappstuhl	4,0··· 5,0 ,,
Klapphocker	3,0··· 3,5 ,,
Sofa 1850/600 mit Schubkasten	100,0 ,,
Schlafsofa 1950/760	120,0 ,,
Sofadoppelkoje	125,0 ,,
Salonsofa, 650 mm tief	40,0 kg/m
Klappsitz	3,0 kg
Lattenbank	10,0 kg/m
Schlummerrolle	2,5 kg

Kojen

	in Holz	in Leichtmetall
Einzelkojen	18,0 kg	35,0 kg
Doppelkojen	32,0 ,,	80,0 ,,
Kojenunterbau mit Schubkasten	30,0 ,,	
Kojenleiter	6,5 ,,	5,5 ,,
Stahlfederboden	17,5 ,,	
Auflegematratze mit Kopfkeil	16,0 ,,	
Schwingkoje	160,0 ,,	

Sanitäre Einrichtungsgegenstände

Badewanne, freistehend, Gußeisen emailliert 1740/780	104,0 kg
Einbau-Badewanne, ohne Kacheln	121,0 ,,
Klosettbecken, Steingut, ohne Sitz	15,0 ,,
Urinal, Steingut	7,0 ,,
Waschbecken 560/405	13,5 ,,
,, 635/480	17,5 ,,
,, 685/500	20,0 ,,
Friseurwaschbecken 645/365	16,0 ,,
Unterbeton, 20 mm dick	42,0 kg/m^2
,, 30 mm dick	63,0 ,,
Wandkacheln, 5 mm dick	10,0 ,,
Fußbodenfliesen, 10 mm dick	18,0 ,,
Hohlkehlsockel	3,5 kg/lfd. m

Verschiedenes

Stahlschrank 1800/700/460	160,0 kg
Klavier	265,0 ,,
Konzertflügel	300,0 ,,

16 Erklärung von Fachwörtern

Alfol: Aluminiumfolie, sehr dünn (bis 0,001 mm) ausgewalztes Aluminium.

Asbest: faseriges, biegsames, seidenartig glänzendes Mineral; unbrennbar, säurefest, schlechter Leiter für Elektrizität und Wärme; dient zur Herstellung von Isoliermaterial und feuerfesten Geweben.

Bitumen: (Asphalt), harzartige schwarze Masse (Mischung verschiedenartiger Kohlenwasserstoffe), verwendet für verschiedene bituminöse Schutzanstriche gegen Feuchtigkeit und chemische Einflüsse.

Boucléteppich: Haargarnteppich mit geschlossenen Gewebenoppen.

Bucht: siehe Sprung.

Bullauge: rundes, dichtschließendes Seitenfenster im Schiffsrumpf („Ochsenauge").

Gräting, die: Gitterwerk aus Holz oder Metall zum Bedecken von Öffnungen, an Deck gelegt, zum Schutz der darauf Stehenden vor Nässe.

Haargarnteppich: Teppich mit festem Jutegrundgewebe, in das Flor aus Bouclégarnen (Rinder-, Kälber-, Pferde- und Abfallhaaren) unaufgeschnitten mehrfarbig eingewebt ist.

Hartfaserplatten: hergestellt aus Holzfasern mit Phenolharz als Bindemittel zusammengepreßt. Die Tafeln haben eine Größe von 2×6 m und eine Dicke von 4···5 mm.

Hydronalium: besonders korrosions- und seewasserbeständige Aluminiumlegierung (AlMg 3 und AlMg 5).

Igelit heute Ekalit: Kunststoff aus Vinylverbindungen und Chlor, weiße, mehlartige, färbbare Masse, die sich mit Hilfe von Weichmachern zu Folien auswalzen läßt; säurefest.

Kardanische Aufhängung: von Cardano erfundene Aufhängevorrichtung: drei unter rechtem Winkel ineinander bewegliche Ringe. Die im inneren Ring befindliche Lampe behält bei Bewegungen des Schiffes stets ihre senkrechte Lage.

Knieblech: (Knotenblech) dreieckiges Versteifungsblech an der Verbindungsstelle von Decksbalken und Spant oder Stütze.

Koje: ehemals Schlafstelle, hier Bett auf Schiffen.

Kombüse: Schiffsküche.

Konvektion: Wärmeströmung.

Korrosion: von der Oberfläche ausgehende Veränderung oder Zerstörung an Metallen und Baustoffen durch chemische oder elektromechanische Einflüsse. Im Schiffsbetrieb ist die Korrosionsgefahr, besonders unter Einwirkung von Seewasser, verhältnismäßig groß.

Krängen: Überlegen des Schiffes nach einer Seite.

Linkrusta: eine abwaschbare Papiertapete mit linoleumartigem Belag. Auf PVC-Basis: einfarbige, genarbte Schicht auf Gewebe.

Linoleum: grobmaschiges Jutegewebe mit einer unter hohem Druck heiß aufgewalzten Deckmasse aus Korkmehl, Farbstoffen und Harzen mit oxydiertem Leinöl.

Litosilo: siehe Steinholz.

Paneel: hier Bezeichnung für eine halbhohe Täfelung.

Pantry: kleiner Küchen- oder Anrichteraum auf Schiffen.
Pilaster: pfeilerartig hervortretender Wandstreifen zur Gliederung einer Wand.
Plaste: Kunststoffe, die so genannt werden, weil sie in irgendeinem Zustand ihrer Verarbeitung plastisch sind. Es sind zu unterscheiden:
 1. *Duroplaste,* härtbare Plaste, die bei ihrer Verarbeitung die endgültige Form erhalten, z. B. Dosen, Schachteln, Schraubverschlüsse aus Meladur-Preßmasse.
 2. *Thermoplaste,* nicht härtbare Plaste, die bei niedrigen Temperaturen fest sind, bei einer Wärme von 150···200°C aber plastisch fließen, z. B. Fußboden- oder Möbelbelag aus PVC-weich (Polyvinylchlorid).
Plüsch: samtartiges Gewebe mit dichtem, nach oben stehendem Flor; es wird hergestellt, indem in ein Grundgewebe Pol- oder Florfäden in Form von Schlingen eingebunden und dann aufgeschnitten werden.
Radiatoren: Gliederheizkörper, aus beliebig vielen senkrechten Gliedern zusammengeschraubte Heizkörper für Wasser-, Dampf- und Gasheizung.
Safe (engl.): einbruchsicherer, feuerfester Geldschrank.
Schlingern: (Rollen) seitliche Bewegung eines Schiffes bei Seegang um seine Längsachse. Ggs. Stampfen.
Spant: Auf den durchlaufenden Kiel aufgesetzte, gebogene Schiffsrippe, die die Außenhaut (Beplankung) trägt.
Speigatt: Öffnung im Schiffsdeck oder in der Reling (Bordbrüstung) zum Abfluß des Wassers.
Sperrholz: Platten aus mehreren, meist aus einer ungeraden Anzahl Holzlagen, die kreuzweise rechtwinklig mit Kaltleim in hydraulischen Pressen verleimt werden. Hierdurch wird ein Arbeiten des Holzes unterbunden; die Formveränderung ist gesperrt.
Sprung: Die Oberdecks seegehender Schiffe werden aus Stabilitätsgründen mit Sprung und Bucht ausgeführt. Der *Sprung* ist die Krümmung des Decks in der Längsrichtung des Schiffes, zum Bug und Heck ansteigend, wogegen man unter *Bucht* die der Decksbalken (Balkenbucht), die quer zum Schiff laufen, versteht.
Stampfen: Bewegung des Schiffes bei Seegang in der Längsrichtung.
Steinholz: mörtelartiges Gemisch zur Herstellung fugenloser Fußböden aus gemahlener kaustischer Magnesia, Magnesiumchloridlauge und Füllstoffen wie Holzmehl, Sägespäne und Korkmehl. Färbung durch Metallchloride oder Metalloxyde. Steinholzestriche sind wärmehaltend, schalldämpfend, elastisch, feuersicher und nagelbar.
Store: Vorratsraum.
Teakholz: Holz des Teakbaumes. Braunrotes, schweres und hartes Holz aus Java und Hinterindien. Teakholz ist das beste Schiffbauholz, es ist so dauerhaft, daß es abermals verarbeitet werden kann, wenn es bereits Jahrzehnte als Schiffbauholz verwendet worden ist.
Thermostat: Vorrichtung zum Konstanthalten von Temperaturen. Der thermostatische Feuermelder wird auf die gewünschte Höchsttemperatur, etwa 60···70°C, eingestellt und betätigt bei Überschreiten dieser Temperatur eine Alarmanlage.
Tischlerplatten: abgesperrte Holzplatten, 20 mm und dicker, deren Kern sich aus vielen schmalen Holzstreifen zusammensetzt.
Törn: Reihenfolge, Schicht.

LITERATURVERZEICHNIS

Aluminium-Taschenbuch der Aluminium-Zentrale, Düsseldorf

Herner, H., und R. Verhovsek: Entwurf und Einrichtung von Handelsschiffen. 5., neubearbeitete Auflage, Fachbuchverlag, Leipzig 1954

Mohr, W.: Gesetzliche Schiffbauvorschriften, VEB Verlag Technik Berlin

Renner, K.: Leichtmetall im Schiffbau. VEB Verlag Technik, Berlin 1953

Schiffsbautechniches Handbuch. Herausgeber W. Henschke. VEB Verlag Technik, Berlin 1952

Schriftenreihe des Verlages Technik, Band 52, Neuzeitliche Werkstoffe und Einrichtungen im Schiffbau, VEB Verlag Technik, Berlin 1952

Weidemann, Fr.: Lüftung und Isolierung auf Seeschiffen

Zemke, H.: Das Schiff und seine wirtschaftliche Gestaltung. Fachbuchverlag, Leipzig 1954

Zeitschriften:

    Aluminium, Verlag d. Aluminium-Zentrale, Düsseldorf

    Hansa, Schiffahrtsverlag „Hansa", C. Schroedter & Co., Hamburg

    Kunststoffe, Carl Hanser Zeitschriftenverlag, München

    Schiffbautechnik, VEB Verlag Technik, Berlin

    Schiff und Hafen, Verlag Schiff und Hafen, Uetersen b. Hamburg